会计教学改革新路径探索

——互联网时代的呼唤

罗 健 刘小海 著

沈阳出版发行集团
沈 阳 出 版 社

图书在版编目（CIP）数据

会计教学改革新路径探索：互联网时代的呼唤 / 罗健，刘小海著. -- 沈阳：沈阳出版社，2020.8
ISBN 978-7-5716-0969-6

Ⅰ.①会… Ⅱ.①罗… ②刘… Ⅲ.①互联网络－应用－会计学－教学改革－研究 Ⅳ.①F230-39

中国版本图书馆CIP数据核字(2020)第093508号

出版发行：沈阳出版发行集团|沈阳出版社
（地址：沈阳市沈河区南翰林路 10 号　邮编：110011）
网　　址：http://www.sycbs.com
印　　刷：定州启航印刷有限公司
幅面尺寸：170mm × 240mm
印　　张：11
字　　数：240 千字
出版时间：2020 年 8 月第 1 版
印刷时间：2020 年 8 月第 1 次印刷
责任编辑：周　阳
封面设计：优盛文化
版式设计：优盛文化
责任校对：李　赫
责任监印：杨　旭

书　　号：ISBN 978-7-5716-0969-6
定　　价：45.00 元

联系电话：024-24112447
E - mail：sy24112447@163.com

前 言

在我国经济持续、快速增长的过程中，互联网技术正以前所未有的速度蓬勃发展，并以前所未有的深度和广度介入到经济社会的各个领域，引起了商业模式、交易方式、管理活动等方面的重大变革，同样也给会计行业带来了重大而深刻的影响。

“教育要面向现代化，面向未来”，教育信息化，是教育发展的必然趋势，高校教师信息化教学能力水平的高低直接关系到教师专业化发展与高素质人才的培养。高校教师的教育思想、教学观念、知识结构与教学技能需全面提升，以实现信息化先进技术与课程学习的目标整合、内容整合；要采用开放、协作、创新、分享的互联网思维来重新审视教学改革；充分分析学生的现状、需求、习惯，开创更具有实用价值的教学模式，以开放的自主学习平台、网络课程，虚拟的视频课程教室、仿真实训平台，等等，来激发学习兴趣。

由于会计专业的特殊性，要成为一名优秀的会计专业人才需要经过多种技术与资格考试，如初级会计职称考试、中级会计职称考试、高级会计职称考试、注册会计师考试等。传统的会计教育主要依赖教师的课堂教学以及市面上的各大培训机构，随着互联网的发展，东奥会计网校、中华会计网校等网络培训机构应运而生。学生已经不再需要按时按地地出现在教室聆听老师的讲课，只需要打开电脑就可以随时随地进行会计的学习，这就脱离了传统的“填鸭式”课堂的教学模式，学生不仅可以在课堂上听老师讲课，还可以在课下通过网络学习知识，极大地满足了学生的学习需求。

互联网时代的到来，促使会计行业迎来一场前所未有的变革。时代带来的不仅是会计技术上的变化，更是会计思维、理念和模式上的变革，也使企业对会计人员的职业需求发生了改变，因而会计教学也要根据时代的变化做出革新。

《会计教学改革新路径探索——互联网时代的呼唤》一书从互联网时代的会计教学入手，分析了互联网时代会计教学改革的必要性与可行性，论述了互联网时代会计教学改革的各种资源支持，并指出会计教学改革的新路径，最后分别在MOOC、微课和翻转课堂等方面对会计教学改革进行了研究。

此外，本书在撰写过程得到了国内外许多专家学者的支持和帮助，正因为有他们，这本书才能够及时与读者见面。由于时间仓促，编者水平有限，难免有疏漏之处，请广大读者批评指正。

目 录

第一章　会计教学概述

第一节　会计教学

一、会计

会计有两层意思，一是指会计工作，二是指会计工作人员。会计工作是会计从业人员根据会计相关法律法规、会计准则对本单位的经济活动进行核算和监督的过程。会计工作人员是从事会计工作的专职人员，按照职位和岗位分为会计部门负责人、主管会计、会计、出纳等；按照专业技术职务分为高级会计师、会计师、助理会计师、会计员等。

我国从周代开始就有了专设的会计官职，掌管赋税收入、钱银支出等财务工作，进行月计、岁会。每月零星盘算为“计”，一年总盘算为“会”，两者合在一起即成“会计”一词。

（一）会计对象

会计对象是指会计核算和监督的内容，具体是指社会再生产过程中能以货币表现的经济活动，即资金运动或价值运动。

（二）基本特征

会计有五个基本特征：1. 会计是一种经济管理活动；2. 会计是一种经济信息系统；3. 会计以货币作为主要计量单位；4. 会计具有核算和监督的基本职能；5. 会计采用一系列专门的方法。

（三）会计目标

会计目标也叫做会计目的，是要求会计工作完成的任务或达到的标准。我国《企业会计准则》中对会计核算的目标做了明确规定：会计的目标是向财务会计报告使用者提供与企业财务状况、经营成果和现金流量等有关的会计信息，反映企业管理层受托责任履行情况，有助于财务会计报告使用者做出经济决策。

（四）会计职能

1. 会计的核算职能

会计的核算职能也称为会计反映职能，是指会计以货币为主要计量单位，对特定主体的经济活动进行确认、计量和报告。会计核算贯穿于经济活动的全过程，是会计最基本的职能。

记账、算账、报账、分析是会计执行核算职能的主要形式，将个别、大量的经济业务，通过记录、分类、计算、汇总、转化为一系列经济信息，使其正确、全面、综合地反映企业单位的经济活动过程和结果，为经营管理提供数据资料。

2. 会计的监督职能

会计监督职能又称会计控制职能，是指对特定主体经济活动和相关会计核算的真实性、合法性和合理性进行监督检查。监督的核心就是要干预经济活动，使之遵守国家法律、法规，保证财经制度的贯彻执行，同时要从本单位的经济效益出发，对每项经济活动的合理性、有效性进行事前、事中、事后监督，以防止损失或浪费。

3. 拓展职能

（1）预测经济前景，是指根据财务会计提供的信息，定量或定性地判断和推测经济活动的发展变化规律以指导和调节经济活动，提高经济效益。

（2）参与经济决策，是指根据财务会计提供的信息，采用专门的方法，对各种备选方案中选出的最经济可行的方案进行分析，为企业经营管理等提供决策。

决策在现代化管理中起着重要的作用，正确的决策可以使企业获得最大效益，决策失误将会造成重大损失与浪费。决策必须建立在科学预测的基础上，而预测与决策都需要掌握大量的财务信息，这些资料都必须依靠会计来提供。因此，为企业取得最大经济效益奠定基础的参与决策职能，是会计的一项重要职能。

（3）评价经营业绩，是指利用财务会计提供的信息，采用适当的方法，对企业一定经营期间的资产运营、经济效益等结营成果，对照相应的评价标准，进行定量及定性对比分析，做出真实、客观、公正的综合评判。

二、会计教学

本书里所说的“会计”，指的是会计学专业的系列课程。为了为社会培养合格的会计专业人才，各高校必然会为会计系、科、专业的学生开设一系列的专业课程，如初级财务会计学、中级财务会计学、成本会计学、会计理论专题、管理会计学、非营利单位会计、财务管理学、审计学、财务分析学、电算会计学、国际会计学、资产评估学等。这些课程，有的属于传授会计理论知识的，有的属于训练会计实践能力的，它们共同为完成会计专业人才培养目标而服务。因此，这里所说的“会计”，实际上是会计学专业课程的总和与总称。尽管它包括每一门单一的会计课程，但指的并不仅仅是某一门单一的会计课程。

与之相应，我们所说的“会计教学”，指的便是高校会计学专业所开设的会计专业课程的教学，包括会计理论课程的教学与会计实践课程的教学。当然，高校的会计教学，既有博士生层次的会计教学，也有硕士生层次的会计教学，既有本科生层次的会计教学，又有专科生层次的会计教学。由于博士生层次与硕士生层次的会计教学带有明显的学术探索色彩与以学生自我探讨为主的特色，而且教学内容的研究领域更为精细，教学对象的人数相对有限，难以按班级授课制形式教学，教学时更关注会计理论的发展与建设，而不大关注会计实践能力的培养，即它们不属于以培养会计从业人员为主的教学体系，因此博士生与硕士生层次的会计教学没有涵盖在这本书所说的“会计教学”概念范畴里。这样，我们所说的“会计教学”，便专指高校本、专科层次的会计专业课程的教学。

目前，我国有相当一部分中专学校和职业高中也开设了一系列会计专业课程，甚至一些课程的名称与所使用的教材也与高校的一致，但是必须说明，我们所说的“会计教学”并不包括中专学校和职业高中的会计专业课程的教学。因为无论是中专学校，还是职业高中，都属于中等学校，而非高等学校。同时，随着我国办学体制的改革，中专学校正在逐渐削减，由本、专科学校取代，因此，即使把它们纳入本书所指的“会计教学”中来，意义也不是很大了。

第二节　会计教学的目标

一、目标的概念

目标，指的是射击、攻击或寻求的对象，也指想要达到的境地或标准。例如，沈从文《题记》：“由我自己说来，我所有的作品，都还只能说是一个开端，远远没有达到我的目标。”目标是对活动预期结果的主观设想，是在头脑中形成的一种主观意识形态，也是活动的预期目的，为活动指明方向。其具有维系组织各个方面关系、构成系统组织方向核心的作用。

任何实践活动都有鲜明的目标，或者说没有鲜明目标的实践活动都将归于失败。目标既是实践活动的出发点，又是实践活动的最终归宿。一旦有了明确的目标，实践活动的目的性便会生动地表现出来，走向成功的概率也随之提高。

学校教育是一种以培养人与改造人为己任的实践活动，当然有其鲜明的目标。这一点，在我国古代就已形成共识。儒家经典著作之一的《大学》，下笔便开宗明义地提出："大学之道，在明明德，在亲民，在止于至善。"其中，提到的"明明德""亲民""止于至善"，便是学校教育的三大基本目标。另一本儒家经典著作《中庸》，也就学校教育的目标进行了具体阐述，明确指出学校教育具有八大基本目标："格物、致知、诚意、正心、修身、齐家、治国、平天下。"到了今天，我们的学校教育目标便明确地界定为："使受教育者在德、智、体、美、劳等方面得到全面发展。"当然，这些教育目标的说法，都是针对学校整体教育而言的，并没有区分出大、中、小学的不同，也没有考虑各门学科教学的差别，也就是说，无论大、中、小学，也无论是何种学科，其教育教学的目标从整体上说都是一致的。

但是，大、中、小学的教育与教学，由于学生对象的年龄与心智不同，其培养目标也应该有所区别；各门学科的教学，由于其性质与内容有明显不同，其教学目标也应该有所区别。也就是说，尽管都可以概述为"使受教育者在德、智、体、美、劳等方面得到全面发展"，但是其德、智、体、美、劳的具体内涵与发展程度是有所区别的。我们这里研究的会计教学的基本目标，首先属于大学教育的一个组成部分，应该体现大学教育的整体目标，而与中、小学教育的整体目标有明显区别；其次属于会计学科的教学目标，应该表现出与其他学科教学目标的区别，而具有自己鲜明的特色。

大学教育不是基础教育，而是一种职业技能教育。大学的任何专业都是为培养这个特定专业所需要的人才服务的。经济生活中，既然存在着会计这样一种工作，就需要专门人员去从事这个工作，于是会计便成为一种职业。任何人想要从事会计职业的工作，都必须具备会计职业的工作技能。而要想获得这种会计职业的工作技能，除了接受会计专业的教育与从事会计实践工作以外别无他法。这样一来，大学的会计专业应运而生。所以，会计教学的基本目标应该是提高学生的综合能力。其中，主要是提高学生的会计职业技能，使其成为一位合格的、在不断变化的会计环境中能够胜任会计工作的从业者。教育部"面向 21 世纪会计学类系列课程及其教学内容改革的研究"北方课题组负责人阎达五与王化成站在会计教育的角度将会计教育的培养目标界定为："培养具有较强市场经济意识和社会适应能力，具有较为宽广的经济和财会理论基础，以及相关学科的原理性知识，具备较好地从事会计、审计、理财及其他相关经济管理工作的具有一定专业技能的高素质人才。”应该肯定的是，这个界定是比较理性与全面的。

长期以来，人们都在思考与讨论一个问题：大学教育到底是“通才”教育还是“专才”教育？有人认为是“通才”教育，大学要使大学生博古通今，文理兼通；有人则认为是“专才”教育，大学要使大学生经世致用，专务职业。其实，“通”也好，“专”也好，应该是互相结合，而不是互不相容的。就大学生个人而言，应该是既“专”且“通”。不“专”，他便难以胜任本职工作；不“通”，他则难以左右逢源，开拓创新，发展提高。但是，“专”是基础，“通”是发展，“专”是基本要求，“通”是高要求，所以既“专”且“通”的同时，又是先“专”后“通”。就大学而言，应该首先是“专才”教育，其次才是“通才”教育。大学是培养专门人才的地方，因此大学教育首先是“专才”教育。但是，大学里所训练的职业技能不同于以体力劳动为主要成分的职业技能，而是一种以脑力劳动为主体成分的职业技能，它要求所培养的人才，既能胜任这种职业，又能出谋划策，参与管理，即具备综合素养。因此，大学教育在做好“专才”教育工作的同时，还必须锻炼学生的综合素养，体现“通才”教育的特色。这表明，大学教育，包括会计教育，既是一种“专才”教育，也是一种“通才”教育。它说明，大学教育的目标，包括会计教育的目标，不是单一的，而是存在着一定结构的复合体。

二、会计教学目标确定的依据

从教育目标到教学目标，存在着一种结构性的转换。教育目标可以借助课程设置、教材编写、教学组织、实践训练、活动开展等途径而得以实现；教学目标则只能借助教学组织去实现。可见，教育目标大于教学目标，也包括教学目标。

必须指出，会计的教学目标与教育目标是相关和一致的，而且只有借助教学目标的实现才能最终保证教育目标的实现。由此可见，前面所引用的表述，又可以用来作为分析会计教学目标的依据。

任何学科的教学都是教师教学生的一种活动。在某门学科的教学活动中，学生总是学习的主体，而教师则总是为学生的学习服务的。教师的教，实际上是一种服务。这种服务，既包括介绍与引导，也包括训练与扶持，还包括评价与纠错，其核心总是指向学生的学习。本章探讨会计教学的基本目标，是站在会计教学的教师角度进行的，目的在于帮助会计专业的教师明确自己所从事的教学活动的目标，但是这个目标从何而来，则是由学生的学习决定的。所以，大学生学习会计课程的目标便成了我们分析会计教学目标的依据。

会计是一项技术性很强的管理活动，涉及许多专门方法和各项会计准则，而这些方法与准则又是随着经济生活的发展而不断发展的。这说明，会计职业所必须具备的专业技能并不是一成不变的，从事会计工作的人员必须不断地学习新知识，掌握新的会计方法，才能在新的会计环境中立足，才能跟上经济发展的步伐。这一点，在我国目前表现得尤为突出。近年来，随着国内外经济环境与国际经济关系的不断变化，国家经济政策也随之不断进行调整，这带来的是经济业务呈现出的多样性。在科技发展日新月异的今天，新技术正在不断改变原有的经济业务模式与业务开展方法，这使经济业务越来越呈现出快速的创新性。这就要求从事经济管理的人员必须不断学习提高，才能应对这些变化与创新。知识经济也给会计工作带来了巨大的冲击和影响，要求会计人员必须跟上这个进程。如果墨守成规，不能跟进，而只会机械地从事传统会计的确认、计量、记录、报告等，那么在面临新的会计环境时，就会不知所措，难以发挥会计应有的职能。因此，对于会计人员而言，具备一种不断适应经济变化的能力，是一种基本的需求。那么，作为培养会计人才的会计教学，自然也应该将培养这种适应能力看成是基本的目标。所以，经济不断发展的现状、经济法规逐渐完善的现实、知识经济使会计面临的新的环境，也就自然而然成为我们确定会计教学目标的依据。

会计作为一种技术很强的管理活动，既是一种与账目数字打交道的人与物的交流活动，也是一种与人打交道的人与人交流的活动。与人打交道，会计工作便具有了一定的人文色彩。而且，从事会计工作的人员，本身也是一个可变的因素，其道德、心灵、人格的修养也具有明显的人文色彩。能不能与相关部门的职员互相协作，实现良性互动；能不能与其他同事良好相处，共同完成会计管理的任务，也是会计人员综合素养的具体表现。因此，从人的角度来考虑个人的发展、表现与人际适应能力，也应该成为我们确立会计教学目标的依据。

三、会计数学目标的内部结构

会计教学的目标究竟如何呢？我们从分析会计专业大学生的学习目标的角度可以得出结论。会计专业的大学生，来到大学里，直接的目标是学习职业本领——会计理论知识与实际操作技能，以便为毕业后从事会计工作奠定坚实基础。不过，会计工作不同于简单劳动，除了需要掌握系统的会计专业知识与技能以外，还需要体现明晰的职业操守和个人修养，并将这样的操守与修养渗透到职业能力之中。因此，会计专业的大学生，在学习会计知识与能力的同时，也必须使自己的人格得到改善，增强职业意识，具备职业道德，提高职业修养。同时学习又是一种自主的活动，学习者在学习知识与能力的同时，可以获得自主学习的能力、发展评判是非的能力，并激发出怀疑与创新的能力，大学生的学习在这方面表现得更加鲜明。此外，对职业的兴趣、职业的情感等非智力的因素，也必将在学习过程中得到激发与增进，这又反过来可以促进专业学习的进步。这样说来，会计专业的大学生，其学习目标实际上是由三个层面的因素构成的：一是会计知识与能力；二是会计道德与人格；三是会计智力与非智力。按照教学论的观点，知识与能力属于教养，道德与人格属于教育，智力与非智力属于发展。所以，会计专业大学生的学习目标，可以简要地表述为形成教养、接受教育、获得发展。

与会计专业的学习目标相适应，会计专业的教学目标，即会计教师教学生学的目标，可以表述为帮助学生形成会计专业教养、促使学生接受会计人格教育、协助学生获得智性发展。这三者之间构成一种三维结构，在会计教学过程中同步实现。如图 1-1 所示。

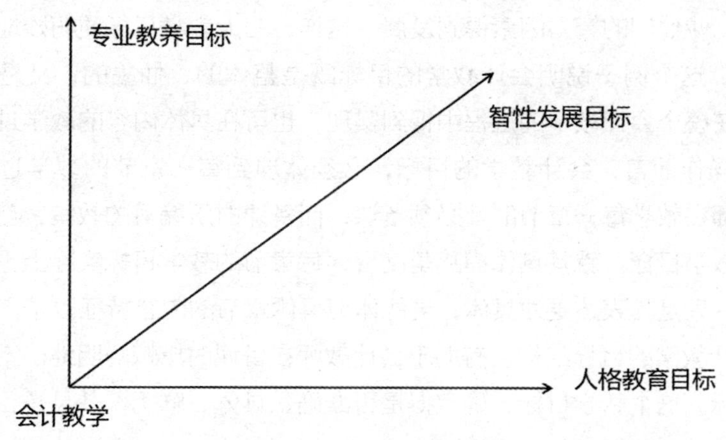

图 1-1　会计教学中专业教养目标、人格教育目标与智性发展目标构成的三维结构

必须说明的是，在这个三维结构中，基本的维度是两个，即会计专业教养目标与会计人格教育目标，发展目标是这二者的派生物，也是在完成专业教养目标与人格教育目标的过程中附带着同时实现的。

此外，会计教学的直接目标是会计专业教养目标，属于第一层面；会计人格教育目标是建立在会计专业教养目标的实现基础上的，属于第二层面；智性发展目标则是建立在专业教养目标与人格教育目标的实现基础上的，属于第三层面。它们三者之间的关系，好比是一个三级火箭之中每一级之间的关系一样，既是一个整体，又有先后顺序与不同分工，第一级火箭推动和带动第二、三级火箭，第二级火箭配合第一级火箭推动和带动第三级火箭，第三级火箭则延续第一、二级火箭的推动，最终将卫星送入轨道。所以，会计专业教养目标就是第一级火箭，是第一位的目标；会计人格教育目标就是第二级火箭，是第二位的目标；智性发展目标就是第三级火箭，是第三位的目标。

还必须说明，这三大目标在表述的时候，只能分别述说，单独考察，但是在教学操作的时候，则可以而且必须同时实现、一步完成。会计专业的教师有责任与义务在自己的教学过程中，明确这三大目标，并借助自己对教学内容的取舍、对教学方法的运用、对教学重点的选择来同时实现这三大目标。例如，会计教师的教学内容是会计法规，直接的目标便是让学生了解相关法规的原理与内容，并能依据这些法规处理会计事项，但是教师如果强调这些法规的权威性，并提出会计人员必须依法办事，便能同时完成对大学生进行会计职业道德教育的任务，使教育目标得到同步实现，同时教师如果能够在教学中除了介绍法规，还能对这些法规的内容进行评价甚至批判，鼓励大学生为完善这些法规做贡献，便可同时促使大学生形成相应的是非评判能力与怀疑创新能力，使他们的智力因素得到发展。这样，三大教学目标便巧妙地同时得到了结合与实现。这个例子说明会计教学的目标既是整体的、抽象的，又是局部的、具体的；既可在整个会计教学的进程中得到实现，也可在具体内容的教学过程中得到落实。就教学操作而言，会计教学的目标，必须体现到每一章节的教学过程中。实际上，会计教师在教学每一章节时都必须备课，而备课时所编写的教案，首要的就是说明本章节的教学目标。就其具体措辞角度看，每章节的教学目标实际上也就是由三大目标构成的，只是其表述更为具体，更能体现具体章节的内容特征罢了。

了解会计教学的目标结构，有助于会计教师在备课时旗帜鲜明地确定具体教学内容的教学目标。这个教学目标，确定得是否准确、具体、鲜明，并且是否具有可操作性，实际上是会计教师的教学能力是否过关的一个明显标志。

四、会计教学的基本目标

（一）会计专业教养目标

具体来说，会计专业教学的教养目标到底包括哪些知识与能力呢？我们可以分开来考察。

1. 知识

知识是符合文明方向的，是人类对物质世界以及精神世界探索的结果的总和。知识这一词至今也没有一个统一而明确的界定。但是，知识的价值判断标准在于实用性，以能否让人类创造新物质、得到力量和权力等为考量。会计专业知识，是非常宽泛的。从整体上看，它属于会计的专业知识，具有区别于其他专业知识的完整体系，形成了一个相对完备的自足系统。展开来分析，会计的专业知识又是由会计的前提性知识、会计的基础性知识与会计的专门性知识三个部分所构成的。

首先，会计的前提性知识指的是会计工作的环境因素能够对会计人员进行影响与制约而形成的静态知识，它通常以条规的形式与物化的形式出现。具体来说，它包括会计法规知识与会计主体（包括各类组织和企业）知识两大类。在会计法规方面，如颁布的会计法、企业会计制度与会计准则等，均属于会计法规知识。它们是每一个会计人员处理经济业务时必须了解的前提，具有强制性和权威性，必须牢牢掌握，所以属于会计人员从事会计工作所必须掌握的前提性知识。在会计主体方面，如政府与事业单位、工商企业，均有各自的特点与会计核算组织程序，对会计人员开展会计工作也有各自特殊的要求。它们也是会计人员处理经济业务的同时必须了解的前提，同样也属于前提性知识。这样的知识，渗透于会计专业课程的许多具体章节之中，因此会计教师有责任通过自己的教学，让大学生牢固掌握。

其次，会计的基础性知识指的是会计人员从事会计工作必须具备的与专业相关的原理性知识。它包括会计历史知识、经济管理知识、数理统计知识等。这些知识虽然不直接与会计专业能力相关联，却随时影响与制约着会计人员的素质与会计工作的质量，在会计专业课程的教学内容里，也随处渗透着这些方面的知识，所以从事会计专业课程教学的教师有义务让学生在教学中掌握这些知识。

最后，会计的专门性知识指的是与会计工作直接相关的知识，或者说是会计人员所必须掌握的职业知识。它包括会计知识与审计知识两大类，具体包含会计科目、会计账户与借贷记账法、会计凭证、会计账簿与账务处理程序、会计各要素的核算方法、成本核算方法、财务管理原理、审计基础知识、会计信息化知识等。这些知识是会计人员从事会计工作时非具备不可的，也是与会计工作直接相关联的。会计专业课程的大部分内容都包含有这些专门性知识，而且不管大学生将来是从事会计工作还是审计工作，都不能不掌握这些知识。会计教师在教学之中，让大学生牢牢掌握这些知识，便成了一种核心的任务，也可以说是一种核心的目标。

2. 能力

能力是完成一项目标或者任务所体现出来的综合素质。人们在完成活动中表现出来的能力有所不同，能力是直接影响活动效率，并使活动顺利完成的个性心理特征。

能力总是和人完成一定的实践联系在一起，离开了具体实践既不能表现人的能力，也不能发展人的能力。会计能力，即会计人员在处理会计事项时所表现出来的熟练程度与有效程度。应该说，会计能力是一个由多方面因素构成的综合体。

会计能力与会计知识不同，其需要的是训练与运用。也就是说，会计知识着眼于了解、理解与巩固，强调熟知与记忆，而会计能力着眼的则是运用，强调反复训练与操作，注重的是熟练性与有效性。由于会计信息系统是对数据按一定程序进行加工、鉴别、传递、生成信息的系统，而实施这个系统必须要有三个步骤，即会计数据的记录与核算、会计数据的鉴别与使用、会计数据的归纳与分析，所以相应地，在处理会计信息的过程中，需要会计人员分别具备三大基本能力，才能胜任会计工作。这三大基本能力便是会计数据的记录与核算能力、会计数据的鉴别与使用能力和会计数据的归纳与分析能力。同时，这三大基本能力也是大学中会计专业课程教学所要培养的职业能力，属于我们所说的“教养目标”的具体成分。

首先，会计数据的记录与核算能力指的是在会计信息系统过程中输入经济业务数据并进行核算的能力。处理经济业务数据是会计部门的基本职责，也是会计人员必须具备的基本能力，主要包括会计核算基础能力和财务会计核算能力。

其次，会计数据的鉴别与使用能力，指的是对会计数据进行分类、排序、汇总、鉴证，并在管理过程中使用这些数据的能力。

最后，会计数据的归纳与分析能力，指的是在会计报表的基础上对会计数据进行汇总与分析，并生成会计信息的能力。

会计专业课程的教学应该以培养学生的这几种能力为己任。把会计专业教养目标的构成用图示的方法来概括性地表述出来，如图 1-2 所示。

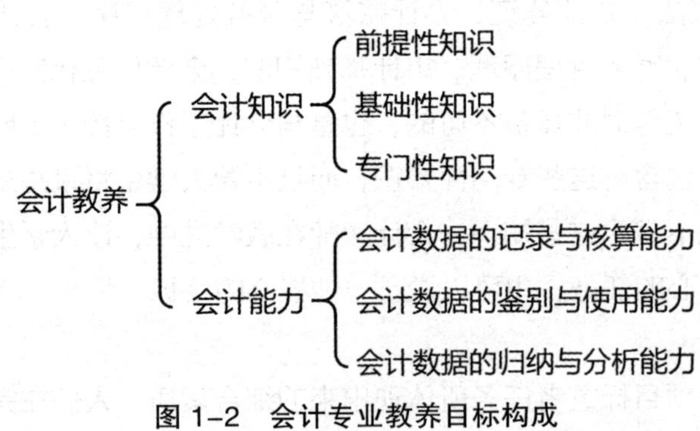

图 1-2　会计专业教养目标构成

（二）会计人格教育目标

1. 会计人格教育目标所指

学校是培养人、改变人、塑造人的地方。一个学生，来到学校里，不仅可以通过学习知识获得能力取得长进，而且可以塑造心灵、修炼思想、健全人格、获得培养。如果把学校仅仅看成是传授知识与训练能力的地方，而全然不顾陶冶学生的灵魂，那么学校培养出来的便只能是一些以追求功利目的为己任的行尸走肉，从而使学校教育最终丧失其应有的育人意义。人之所以为人，是区别于行尸走肉的。人，有思想、有道德、有理想、有情操、有审美观、有价值观、有人生观、有世界观。所有这一切，并不是每个人一开始就有的，也不是在进入学校之前就已经具备的；每一个人只有在接受教育的过程中，才能逐渐具备。

同时，人又是群居与交际的动物，每一个人都离不开其他人，都必须与其他人打交道。人类的群居构成了社会分工，也构成了社会秩序。每个人在这个群居的社会里各司其职，共同遵守社会秩序，然后互相尊重，互相依赖，互相服务，形成一个紧密联系、丰富多彩的世界。每一个人，要想生活得更好，除了在竞争中努力之外，不能以破坏社会秩序和牺牲他人利益为代价。因此，对个人来说，教养是一回事，教育是另一回事，而教养与教育是不可分割的。任何一个人，通过形成教养，获得谋生的能力，而通过获得教育，则可以赢得他人的尊重，使自身成为一个健全的人。所以，任何学校，在帮助学生形成教养的同时，必须促使学生获得良好的教育。

就大学来说，培养的是人群中的高素质人员，所以更应该在培养大学生的专业知识与职业能力的同时，使大学生接受最优质的人格教育。会计专业所培养的大学生，将来都是直接参与经济管理工作的，并且与金钱和物质打交道的机会较多，如果为了使自身的生活更优裕而任由自己的贪欲膨胀，使自己成为金钱与物质的奴隶，那么就有可能贪赃枉法，沦为罪人。在市场经济时代，部门利益、单位利益与个人利益直接挂钩，却与国家利益、他人利益、其他部门和单位的利益客观上相冲突，如果会计人员把握不准，利用自己的职权与对业务的熟知，篡改账目、提供虚假信息、欺骗信息使用者、损害国家与他人利益，最终会为法律所不容。另外，在同一个处室工作，如果会计人员不能与其他人员良好相处，互相配合，为领导出谋划策，那么他应该发挥的才干和为单位应该做出的贡献，也难以体现出来。而这一切后果的产生，均与会计人员的专业教养无关，却直接与其人格教育相联系。可见，教育目标与教养目标同样重要，并且缺一不可。

教育人的任务是学校教育方面工作的共同任务，在专业课程的教学过程中，同样也可以完成。大学的会计专业，所有课程的教学均需担此重任。不同的是，会计专业课程的教学更应该旗帜鲜明，当仁不让。并且，会计教师在传授会计知识与训练会计能力的过程中，应该随时随地关注对学生会计人格的教育问题。

2. 会计人格教育内涵分析

对于教育目标，教育界一向有不同看法。对于人的教育，从精神领域来说，中国古代注重的是伦理道德教育，近代加入了审美教育的内容，现代则又加入了政治教育的内容。所以，新中国成立后，在相当长的时期内，我们都把人的教育等同于伦理、政治与审美教育，所谓“德、智、体、美、劳全面发展”，其中的德育与美育就属于人的精神范畴。在美国，教育家布鲁姆的“教育目标分类学说”，将人的精神教育概称为“情感教育”，并认为人的情感是由人的兴趣、态度、价值和性格等因素构成的。可见，我国注重的精神教育是建立在人与人的关系基础上的，而美国人注重的情感教育则是建立在个人的个体特征基础之上的。

其实，所谓教育，就是对人的内心的改造。人的内心，从其指向上看，大体有三个方向：一是指向自我，二是指向他人，三是指向物质。这三个指向分别可以体现出人的一些内心品质。其中，指向自我，便形成人的人生观、理想、情操和性格；指向他人，便形成人的道德和情感；指向物质，便形成人的兴趣、审美观、价值观与世界观。这三者之和，可以用一个词来概括，就是人的品格，简称人格。所以，我们认为，所谓教育，指的就是人格教育。

人格是指个体在对人、对事、对己等方面的社会适应中行为上的内部倾向性和心理特征，表现为能力、气质、性格、需要、动机、兴趣、理想、价值观和体质等方面的整合，是具有动力一致性和连续性的自我，是个体在社会化过程中形成的独特的身心组织。人格大致包括一般人格与特殊人格两个组成部分。一般人格，是人人共有的，所以也可称为基础人格。在基础教育阶段，学校教育对学生的教育，实际就是进行一般人格的教育。对个人来说，不管生活在什么家庭，生活在什么环境，都必须具备的，就是一般人格。比如，积极、乐观、向上的人生观，远大的人生理想，活泼、热情、友善的性格，对世界的根本正确的看法，等等，均属于人人必须具备的一般人格。特殊人格，是有着特殊身份从事特殊工作的人所必须具备的人格。比如，母亲的身份决定了她在子女面前的特殊人格，领袖的身份决定了他在大众面前的特殊人格，商店营业员的服务工作决定了她在顾客面前的特殊人格，教师的教学工作决定了他在学生面前的特殊人格。也就是说，每个人，由于其身份的不同和所从事工作的不同，便会要求他表现出独特的人格。大学教育是为培养具有特定身份和从事特定工作的人服务的，所以对学生人格的培养也主要表现在特定人格方面。因此，可以说，大学的教育目标，主要是培养大学生将来所从事的职业所需要具备的特殊人格，大学教育就是一种特定人格的教育。

会计专业的培养目标，是让大学生具备将来较好地从事会计、审计、财务管理及其他相关经济管理工作的具有一定专业的技能的高素质人才。[①] 这个特定的职业教育目标，便要求会计专业要培养具备从事会计、审计、财务管理工作所需要的特殊人格的大学生。在这个问题上，会计专业课程的教学具有不可推卸的责任，会计专业的教师应该也必须在自己的教学过程中，在传授知识与训练能力的同时，有意识地培养这种特定人格。

3. 会计人格教育目标构成

具体来说，会计教学的人格教育目标到底包括哪些特殊因素？这可以从会计工作对会计人员所需具备的工作态度、职业道德与合作精神三个方面分别进行阐述。

第一，任何工作都有其相应的工作态度。会计工作，由于其工作内容与性质的决定性影响，对会计人员的工作态度有特殊的要求。它要求会计人员既认真细致，又求真务实。所谓认真细致，就是要求会计人员对会计账目中的任何数据都认真对待，保证一切会计数据处理都没有丝毫差错，即从会计数据的记录核算，到鉴别使用，再到归纳分析，每一环节都准确无误。会计人员必须比其他职业的工作人员更细心，更冷静，更有条不紊。他写错一个数字，算错一个数据，记错一个数目，登错一个账目，都有可能造成重大损失，所以马虎不得。所谓求真务实，就是要求会计人员处理账目时不受外界因素的干扰，严格依规章制度办事，确保会计信息的真实性与客观性。会计人员处理经济业务时，都必须准确真实。例如，面对报销账目的人员，无论是顶头上司，还是普通职员，都应该一视同仁，实事求是，按原则办事。对会计人员来说，不认真细致，便可能做糊涂账；不求真务实，便可能做人情账。而无论哪种结果，对会计人员自身来说，最终都毫无益处，甚至会惹祸上身。为了强调这两大人格因素，我们的会计教师应该在自己的教学中随时加以引导。在会计专业课程的教学中，教师既要正面强调认真细致与求真务实的必然性、必要性与好处，也要拿反面的事例来证明不认真细致与求真务实的坏处，并以此来潜移默化地影响大学生的心灵，使他们在成为正式会计人员之前就明确自己的职责，端正应有的工作态度，为将来做一个称职的会计人员奠定人格基础。

第二，任何职业都有其相应的职业道德，会计人员也不例外。从其工作性质角度

---

① 周友梅，阚京华．当代会计教育研究[M]．北京：人民邮电出版社，2014：23.

考虑，会计人员的基本职业道德应该是既秉公敬业，又遵规守法。所谓秉公敬业，就是客观公正、爱岗敬业。会计工作关系到不同利益主体的责、权、利，国家、上级主管部门、单位三者之间都存在着利益分配，会计人员如果不能做到客观公正，而是做假账，设置账外账，便缺乏了基本的职业道德，也丧失了基本的人格。会计工作每天与枯燥的数字打交道，对会计人员来说，久而久之，可能觉得枯燥乏味，有时还会头昏脑涨，因而难免产生厌烦情绪甚至产生跳槽想法。所以，对会计人员来说，爱岗敬业，做到干一行，专一行，爱一行，也显得尤为重要。而这可作为其基本的职业人格，或者看作基本的职业道德。所谓遵规守法，就是依法理账，按规章制度办事。会计工作直接与经济管理相关，为了保证其客观、公正、准确、系统、完整，从国家，到行业，从部门，到单位，都制定了一系列的法规制度。这些法规制度都是经过充分讨论酝酿，广泛征求意见，权衡利弊得失，平衡国家、集体与个人之间的利益之后制定出来的，具有强制性和权威性，它们是会计人员处理会计数据的依据，也是会计人员应对各种违法行为的武器，同时是会计人员务必遵照执行的标准。当然，再完善的法律也会有漏洞可寻，再齐全的规章也会有空子可钻，如果会计人员专门寻找这些法规的漏洞，专门摸索这些法规的空当，投机取巧，贪污挪用，将不仅会损害国家利益与部门利益，也会损害单位利益与个人利益。对会计人员来说，依法办事，做到法规面前人人平等，应该成为一种起码的职业道德，也应该成为一种基本的人格。为了培养会计专业大学生的职业道德，我们可以开设专门的《会计职业道德》课程，也可以在讲授其他课程时，尤其是在讲授会计专业课程中涉及相关法规时，有意识地对大学生进行会计职业道德的教育。

第三，会计工作作为经济管理工作的一个环节，与其他管理环节密切相关，因而存在着互相协作的问题。这种协作，只能通过相应的管理人员去进行。会计人员，作为经济管理人员之一，自然需要这种协作。搞好这种协作便需要会计人员具有良好的合作精神。这种合作精神，就是我们古人所说的“敬业乐群”中的“乐群”精神。对每一个会计人员而言，这种合作既包括同一处室的会计人员之间的合作，也包括与生产管理、销售管理、人事管理等其他部门之间的合作，还包括与银行、税务、工商部门之间的合作。概括地说，这种合作精神，实际上指的是会计人员的人际沟通意识与协调配合思想。如果没有好的人际沟通意识，而是封闭自我，“各人自扫门前雪，莫管他人瓦上霜”，便不仅不能与同事良好相处，也有损于工作效率的提高。性格开朗，热情主动，替他人着想，予他人方便，不仅能赢得尊重，也有利于提高自身的管理能力与人际协调能力。没有协调配合思想，而是我行我素，便难以确保整盘棋局走活，也难以得到他人的配合，最终受损的还是自己。这样的人际沟通意识与协调配合思想，尽管在大学的会计专业课程的教学中难以得到培养，但是可以得到强调与影响。如果我们的会计教师在自己的教学中随时强调这样的合作精神，并在会计实践教学过程中有意识地锻炼大学生之间的合作精神，便能使我们的教学真正地成为既教书又育人的事业。

用图示的方法来概括性地表述会计人格教育目标的构成，如图 1-3 所示。

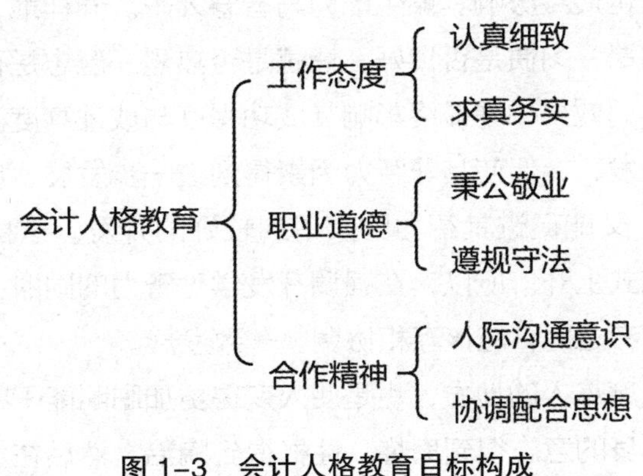

图 1-3　会计人格教育目标构成

（三）个人智性发展目标

1. 个人智性发展目标所指

在教育学与心理学的范畴中，所谓发展，指的是学校教育使学生在获得教养、受到教育的同时，还得到心理发展。心理发展包括两个方面，一是智力因素的发展，二是非智力因素的发展。其中，智力是一个综合概念，指的是人类个体获得信息和处理信息的能力，也就是人类个体获得知识并运用知识解决实际问题的心理能力。它包括注意力、观察力、记忆力、联想力、想象力、思维力、学习力与创造力等八个具体方面。思维力是智力的核心，学习力是智力的表现，创造力则是智力的最高表现形式。智力的衡量参数叫智商（IQ），智商的高低决定了人类个体的聪明程度，也决定了人类个体的能力水平。非智力是一种个性因素，指的是人类个体的一些意识倾向与各种稳定而独特的心理特征的总和。它与认知无关，却直接与人类个体的行为方式相关。非智力主要包括动机、兴趣、习惯、情感、意志与性格等心理因素。动机与兴趣影响人类个体的行为态度，情感与意志影响人类个体的行为能力，习惯与性格则影响人类个体的行为效果。非智力的衡量参数叫情商（EQ），情商的高低决定了人类个体的行为能力，也决定了人类个体的成功程度。

传统教育理论一般把教学目标概括为教养和教育两个方面，现代教育理论则还提出了把发展作为目标。[①] 这个发展，指的就是智商的发展与情商的发展，也就是我们经常说的开发智力、发展个性。在教学过程中，这个发展目标，指的实际就是让学生在既有智力与个性的基础上，在学习知识、形成能力、健全人格的同时，使其智力得到进一步开发、个性得到进一步发展。就学生个体来说，注意力是否集中、观察力是否敏锐、记忆力是否丰富、思维力是否深刻、学习力是否有效、创造力是否新颖，直接影响其学习效果，也最终影响其谋生能力与智慧才干。同样地，学生个体的动机是否强烈、兴趣是否高昂、习惯是否良好、情感是否热烈、意志是否坚强、性格是否正常，也直接影响其学习效果，并最终影响其成功程度与成才高度。在教学过程中，学生的智力因素得到开发，会促使其非智力因素得到进一步发展；反过来说，学生的非智力因素得到发展，又能促进其智力因素得到较好的开发。这样相互促进，共同发展，循环往复，螺旋式上升。所以，在强调开发学生智力的同时，必须强调发展学生的非智力因素。这二者之间，应该互相协调，一致发展。

学校是陶冶人、磨炼人的地方，也是使人变得更加聪明能干的地方。学生来到学校，通过学习，使自身的意志得到磨炼、性格得到陶冶，然后在获得知识、习得能力与人格得到塑造的过程中，使自身的智商得到提高，从而让自己获得全面发展，这可以看成是学生学习的目的。相应地，学校在完成教学与教育的任务过程中，也应该切实地担负起促进学生全面发展的责任。这个任务，需要每一位教师在自己的一切教学与教育活动中加以明确，得到落实。大学的会计教育，照样需要完成这样的任务。对于大学会计专业的会计专业课程，在教学的时候，我们的会计教师也必须将这作为自己明确的工作任务。

2. 个人智性发展内涵分析

上文中我们在回答发展目标所指时，所提到的教育学与心理学范畴的看法，尽管其中智力与非智力概念的外延均比较丰富，但相对来说，仍然是一个抽象的说法。它既没有考虑学生的年龄特征，也没有考虑教学教育的层次，甚至没有考虑教学教育的内容。它针对的是人类个体的整体，也是人类个体的终身。意思是说，人类个体的学习，从整体上说，可以促使其智力得到开发、个性得到发展；从终身角度说，也是为了促使其智商提高、情商发展。

我们谈论大学的会计教学，至少要考虑到大学生的年龄特征，也要考虑到大学的

① 张妙凌 . 互联网时代会计职业教育方向探讨 [J]. 金融经济，2018（16）：216-217.

职业教育性质，还要考虑到会计专业课程的教学内容。也就是说，我们要考虑的是，在大学会计专业课程的教学过程中，到底能够使大学生智力的哪些方面得到开发，并使其开发到应有的程度；到底能够使大学生个性的哪些方面得到发展，并使其发展到符合职业要求所需要的水平。要回答这一问题，就需要对智力与非智力之中的因素进行区别与分析。

智力之中，注意力、观察力、记忆力、联想力与想象力这五大因素，对大学生来说属于基础智力。这五大因素，在基础教育阶段就应该并已经得到了较好的开发。可以说，开发这五大智力因素，已经不再是大学教育的主要目标，尽管仍然能够使它们得到一定的开发。相比之下，思维力、学习力与创造力这三大智力因素，对大学生来说，则属于基本智力。它们应该在大学生的学习过程中得到加强与提高。对大学生而言，没有深广的思维力，便难以获得认识事物、分析事物与处理事物的能力，也难以判断是非、真假、善恶与美丑；没有独立的学习力，便难以获得自学的能力，也难以获得主动、积极、有效的探索能力与总结规律发现问题的能力；没有新颖的创造力，便难以获得创造性地处理实际问题的能力，也难以完成创造知识、提出见解的任务，并难以获得敢想敢干、开拓进取的智慧与闯劲。然而，无论是深广的思维力，还是强大的学习力，甚至是新颖的创造力，都是大学生毕业以后，走向工作岗位和继续深造不可或缺的智力因素。大学的会计教育，会计专业课程的教学，对大学生智力的开发也主要集中体现在这三大因素之上。

非智力之中，动机、兴趣与情感这三大因素，对大学生来说也属于基础性非智力。大学生一旦进入大学，并选定所学专业以后，这三大因素便已基本定型。他选择会计专业，动机明确、兴趣集中、情感鲜明。这三大因素，均指向他所选定的会计专业，以及将来所从事的会计工作。只要他不中途转换专业，打算一心一意地在会计领域里工作一辈子，这种动机、兴趣与情感便没有继续强化的紧迫性。尽管也需要在会计专业的教学教育中继续得到强化，但紧迫性并不突出。相比之下，非智力中的意志、习惯与性格这三大因素，对大学生来说，显得尤其重要。因为他将来要从事会计工作，面对纷繁杂乱的数据，没有坚韧顽强的意志不行，没有耐心细致的习惯不行，没有冷静理智的性格也不行。没有坚韧顽强的意志，他就可能知难而退，甚至会三心二意，从而丧失对会计工作的兴趣，也可能处理不好基本会计数据；没有耐心细致的习惯，他就可能内心烦躁，常出差错；没有冷静理智的性格，他就可能难以坚持原则，客观理账，而会产生一些原则性的错误。然而，无论是坚韧顽强的意志，还是耐心细致的习惯，甚至是冷静理智的性格，对会计专业的大学生而言，将来不管是从事财务管理工作，还是会计工作，或者是审计工作，都是不可或缺的。大学的会计教育，会计专业课程的教学，要发展大学生的个性，也主要体现在这三大因素上。

3. 个人智性发展目标构成

具体来说，在会计专业课程的教学过程中，到底能使大学生的哪些智力成分与非智力成分得到发展呢？可以从智力成分的开发与非智力个性成分的发展两个方面来看。

其一，在智力成分的开发方面，我们提出对会计专业的大学生而言，会计教师的教学目标，应该是发展其深广的思维力、独立的学习力与新颖的创造力等三大因素。展开来看，深广的思维力又是由职业判断能力与信息管理能力两方面表现出来的。职业判断能力，指的是会计人员对自己所从事的具体工作进行归类与判断的能力。会计工作的性质与职能，要求会计人员具有敏锐的职业判断能力。面对纷繁复杂的经济业务，是否能够准确地进行职业判断，并对数据准确进行归类，是衡量一个会计人员是否合格的重要标准。当然，敏锐的职业判断能力的最终形成，需要一个较长的实践过程，需要靠经验的不断积累，但是是否为这种职业判断能力的形成打下良好的基础，则是衡量学校教育质量水平的一个重要尺度。要培养大学生这种职业判断能力，需要在教学时尽可能多地让学生了解会计现状、接触会计实务，做到理论联系实际。为此，实行案例教学并加强会计实践训练是很有必要的。信息管理能力，指的是会计人员对会计信息的实际分析和决策能力。现代企业中，各项决策均离不开包括会计信息在内的各项经济信息。会计人员不仅是经济信息的提供者，也是经济信息的综合分析者，他要为企业决策提供综合性分析资料。企业的资金、成本、利润等预测分析，是会计工作的基本任务之一。因此，作为会计专业的大学生，理应具备较强的经济信息综合分析能力。会计专业课程的教学，可以对此进行专项训练。

独立的学习力，是由吸收与运用新知识的能力与跨学科学习的能力两方面表现出来的。吸收与运用新知识的能力，指的是在学习与工作中不断学习新知识的能力，它是终身教育的组成部分，也是自我教育的组成因素。随着时代的变迁，社会的发展，会产生一系列新的知识，也会对会计人员提出新的挑战。只有勤于学习，积极果断地吸收与运用新知识，并把终身受训和不断学习作为自己生活的组成部分，才能跟上时代步伐。对会计专业的大学生而言，不仅要重视大学期间所获得的知识，更要重视在长期的工作实践中不断学习、积累、更新并运用新知识，从而积蓄进一步发展与成长的潜力。大学的会计教师，虽然不可能保证向学生传授的知识能够一劳永逸，却可以保证让学生学会学习，具备独自、主动、有效的学习能力。跨学科学习能力，指的是以专业知识的学习为核心的横跨相关学科知识的学习能力。会计人员，为了胜任会计管理工作，需要掌握一个共同的知识体系。这个知识体系，是会计人员终身教育所涉及的知识领域，范围较广。它不仅包括会计学专业的专业知识体系，也包括会计工作所需要的经济知识与管理知识，以及现代社会从事任何工作都需要的一般科学文化知识。同样地，这样庞大的知识体系，也是处在不断扩充、改进、更新、淘汰的过程之中的，照样需要会计专业大学生在学习专业课程的时候，培养出独立、自主、有效的学习能力。

新颖的创造力，是由会计方法创新能力与会计业务拓展能力两方面表现出来的。会计方法创新能力，指的是在会计工作中，针对新情况，在遵守会计法规的前提下，创造性与艺术性地处理会计信息的能力。随着社会的发展，新经济领域不断涌现，新经济业务也不断出现，会计所面临的环境在不断变化，而教科书的说法往往落后于这样的实际，如果照搬教科书上学到的方法去处理会计事项，就有可能遇到难题。而经济业务是不能不处理的，怎么办？这就需要会计人员合理选择，进行会计方法的研究和会计制度的设计。会计教师虽然无法保证提供创新会计方法的具体经验，却可以在自己的教学中使学生受到启发，形成创新的意识。会计业务拓展能力，是指在法规、准则提供的会计基础操作方法的基础上，善于根据会计主体实际情况及时调整启用的会计科目体系、账务处理程序、采用的会计政策、凭证收集传递的程序与方法等事项，以使会计工作的开展更为科学、会计信息质量更有保障的能力。新的经济体系、新的经济交往方式与电子时代的资金运作方式，都向会计人员提出了挑战，需要会计人员创新进取、大胆改革，从而拓展业务、科学核算。这一点，大学教育本身难以做到让大学生一开始就具备这种能力，但可以让他们具备这样的头脑。所以，会计教师在教学中的启发与引导便有了价值。

其二，在非智力个性成分的方面，我们认为，对会计专业的大学生而言，会计专业课程的教学目标应该是锻炼大学生坚韧顽强的意志、培养大学生耐心细致的习惯、培养大学生冷静理智的性格等三大因素。

展开来看，坚韧顽强的意志又是由迎难而上的精神与锲而不舍的意志两方面表现出来的。会计工作，环节多、程序多、数据多而且环环相扣，一步都不能出差错。会计人员整日埋头工作，头晕眼花是常事，一不留神，核算差错便会出现，而一旦出现差错便要重新核对与调整，相当麻烦。遇到这样的工作，没有迎难而上的精神，便会被困难吓倒，甚至败下阵来，成为会计工作的逃兵；没有锲而不舍的意志，便会困难重重，进展缓慢，甚至消沉气馁，成为会计工作的懦夫。在这方面，会计专业课程的教师，在自己的教学中有意加以强调与训练，应是一个基本的目标。

耐心细致的习惯，是由仔细核算的习惯与反复核对的习惯两方面表现出来的。会计工作，容易出现差错与漏洞的是记账与登账环节。为了确保这两大环节不出纰漏，需要会计人员仔细核算登录，反复核对，并且养成习惯。经验丰富的会计人员，一般都注重仔细核算与反复核对，并且随时保持清醒头脑，小心翼翼地处置任何一笔账目。说到底，这就是习惯。这种习惯一旦养成，便能减少差错，从而提高工作效率。可见，马虎潦草、心浮气躁，是干不好会计工作的。会计专业课程的教师，在教学时，既可以强调仔细核算与反复核对的重要性与必要性，又可以增加一些必要的训练，并让学生反复核算与核对，以正面与反面例子来影响大学生的心态。

冷静理智的性格，则是由坚持原则的性格与宽厚待人的性格两方面表现出来的。会计工作，无非是既对事又对人的工作。对事要处理往来账目，不管多少，也不管繁简，都应该坚持原则，依法规处置；对人，无论尊卑，也无论内外，都必须热情相待，宽厚相处。这既能够体现出会计人员的性格，也能够体现会计人员的素质。会计专业课程的教学，理当为完善大学生的性格，使其更趋成熟做贡献。这一点，会计教师可以通过强调的方式达到目的，也可以通过以身作则的方式示范性地达到目的。

用图示的方法来概括性地表述个人智性发展目标的构成，如图 1-4 所示。

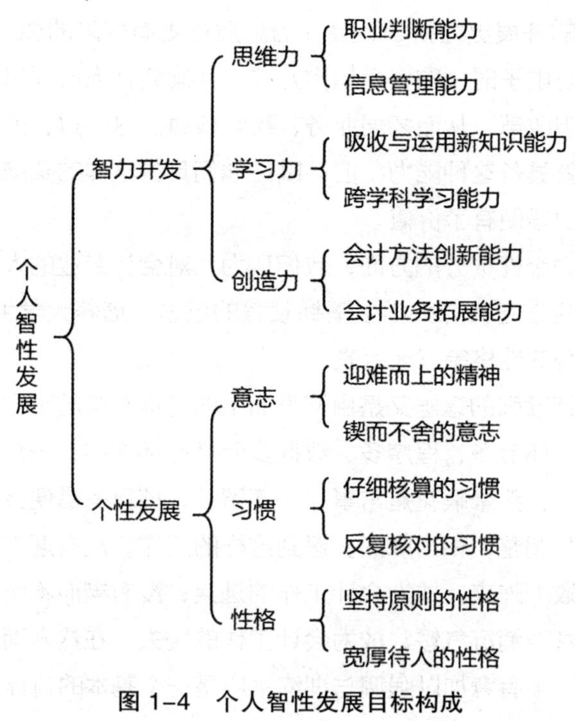

图 1-4　个人智性发展目标构成

第三节　会计教学的原则

一、会计教学原则的内涵及其本质

（一）会计教学原则的内涵

教学原则是根据教育教学目的，反映教学规律而制定的指导教学工作的基本要求。它既指教师的教，也指学生的学，应贯彻于教学过程的终。教学原则反映了人们对教学活动本质性特点和内在规律性的认识，是指导教学工作有效进行的指导性原理和行为准则。教学原则在教学活动中的正确和灵活运用，对提高教学质量和教学效率发挥着重要的保障性作用。

因此，作为教学的指导思想，教学原则既要体现关于教学的观念、观点、认识与看法，又要体现教学的方向、途径、方式与方法。可见，教学原则是一个介于教学理论与教学实践之间的问题。它是教学的指导思想，也是对教学的基本要求。

会计教学原则指的则是各种形态、各个阶段、各门课程、各个环节的大学会计教学的原则。简单地说，大学会计教学的原则，既是会计教学整体的原则，又是会计教学具体操作过程的原则。它要求，一条教学原则一旦提出来，就必须具有全面、广泛的适应性。只适应整体的会计教学原则，或者只适应会计教学某些局部内容的教学原则，都是不能成立的。从这个角度看，会计教学原则又从根本上制约着大学会计教学的理论与实践，这种制约作用贯穿大学会计教学的始终。所以，如果我们要给"会计教学原则"下一个定义，那么便是，会计教学原则是大学会计教学的原理与法则，也是大学会计教学的总的指导思想与基本要求。①

（二）会计教学原则的本质

大学会计教学，为什么必须提出几条教学原则来制约会计教师的教学行为呢？把这个问题讲清楚了，会计教学原则的本质便揭示出来了。

为了把这个问题说得更明白一点，还是先打个比喻。一个人住在河西，要到河东去，过河的方式有游泳、乘船、过桥、坐缆车、驾飞行器、挖河底隧道等。他应采取哪种方式为好呢？粗略一想，可能是乘船或过桥，因为这既安全，又省事；既快捷，

① 郑军，张振，周运兰. 会计教学理论与方法创新研究 [M]. 北京：经济科学出版社，2012：19.

又节约。仔细一想，则每种方式都可取，只要前提条件具备且适合。如果这个人水性好，天气方面气温又高，而要办的事情又很紧急，他当然可以游泳过河，而不必四处去找船，或绕很远的路去过桥。同样地，如果他家的附近建有缆车、挖有河底隧道，或他自己有一架直升机或者一个热气球，他自然也可以坐缆车、过隧道甚至直接飞过河。那么，在这种种过河方式中，哪种方式更好呢？回答应该是，在特定的条件下，每种方式都可以成为最好的方式。但是，无论采取哪种方式过河都存在着一个共同的选择标准或衡量标准。这个标准，实际上就是这个人过河所必须遵循的原则。如上所述，我们可以从中抽象出的过河原则便是安全、快捷、节省、方便这四条。即无论何时何地，也不管选择哪种方式过河，这个人总是根据既安全又快捷，既节省又方便这四大过河原则来行动的。其实，在生活中，我们每个人都是有意识或者无意识地根据这四条原则来选择过河方式的。因为如果这四条原则中有任何一条没有得到遵循，就有可能费时、费钱、费力，甚至产生生命危险。

这个比喻或例子告诉我们，人类的任何实践活动，都渗透着类似的原则。而且，我们人类在从事这些实践活动时，总会有意识或者无意识地遵循这些原则，按这些原则办事。只不过有的实践活动比较简单，影响力也不是很大，所以我们不必专门探寻出它的办事原则罢了。

但是，复杂的实践活动、大规模人群参与的实践活动、影响力比较大的实践活动，则必须加以研究，找出其中的办事原则。比如，我国改革开放的经济建设活动，便属于这样一种典型的、复杂的、大规模的、影响深广的实践活动，所以，我们专门总结出了“四项基本原则”，作为全国人民的行动指南。大学的会计教学，虽然没有改革开放的经济建设这种实践活动这么复杂、这么大规模、这么影响深广，但是肯定比过河这种实践活动要复杂得多、规模大得多、影响也深广得多。因此，要把大学的会计教学搞好，我们就必须从中抽象出几条相应的原则，并使之得到有意识地而不是无意识地遵循。也就是说，会计教学原则应该成为会计教师教学时必须自觉遵循的行动指南。

至此，我们可以把会计教学原则的本质揭示为，为了把会计教学工作做得更好、更有成效，从会计教学活动和现象的相应特点中抽象出来的，用以指导会计教学实践，而必须自始至终得到遵循的会计教学的指导思想与基本要求。

二、会计教学原则的构成

会计教学的原则到底是哪几条呢？需要指出的是，这里所提出的，大都是适应各类学校与各门学科教学的共同原则，如科学性和思想性统一的原则、理论联系实践的原则、直观性原则、启发性原则、循序渐进原则、巩固性原则、因材施教原则等。这里罗列的诸多教学原则，虽然有着面上的广泛适应性，是各级各类学校与各门学科教师在教学中所必须共同遵循的，但由于它们不足以体现每门学科自身的特点，也没有反映学生对象的年龄与身心特征，所以我们谈论大学的会计教学原则时，不能简单地照搬这些条文，而应该把这些条文与会计教学的实际结合起来，与大学生的身心特征结合起来，再从中抽象出相应的具体的条文。

就会计学科来说，我们使用的“会计”概念，包括会计学专业系列课程，其内容非常专业、复杂和庞大。这使它既不同于基础教育阶段的任何一门学科，也不同于大学里其他专业所开课程所属的学科，甚至也不同于会计专业里所有非专业课程所属的学科。会计学科的内容包括会计、财务管理、审计所属的方方面面，既存在会计、财务管理、审计人员所需的原理、知识与法规，也存在会计、财务管理、审计人员所需具备的技能、道德与心理，我们要提出的会计教学原则，必须体现这些因素。

大学会计学科的教学对象，都是一些 20 岁左右的大学生。作为成年人，他们的生理、心理与学习能力均与中学生不同，也不同于硕士生与博士生层次的成年人。他们的学习兴趣、学习目标与学习方法都体现出了与众不同的特点。他们对教师的依赖程度、在课堂上的表现方式，以及自学训练的水平也独具特色。正是这诸多因素，直接影响着大学会计教学原则的构成。

如果依据教育学与教学论里提出的共同教学原则，考虑会计学科的性质与特点，充分体现大学生学习的特征，并将这三个方面的因素综合起来研究，我们可以为会计教学提出以下四条基本原则：会计能力培养与会计人格教育相结合的原则；会计原理阐释与会计案例分析相结合的原则；会计知识传授与会计法规传播相结合的原则；会计技能训练与会计心理锻炼相结合的原则。

（一）会计能力培养与会计人格教育相结合的原则

1. 原则的含义

在会计教学过程中，培养大学生的会计工作能力，并对其进行会计人格的教育，使他们既具备实践能力，又具备角色意识，形成会计人格，是大学会计教学的基本目标。在前面我们提出，培养会计能力属于教养目标，而进行会计人格教育则属于教育目标，并且认为教养目标是会计教学的第一目标，而教育目标则是会计教学的第二目标，实际上这两大目标，在教学过程中，是互相结合在一起，并且是同时实现的。因此，所谓会计能力培养与会计人格教育相结合的原则，实际上就是会计教学的教养目标与教育目标相结合的原则。说到底，这条原则的含义是会计教学要在培养大学生的会计能力的同时，使他们的会计人格受到教育，使会计教学达到一举两得的效果。

在教育学与教学论中，这条原则称为科学性与思想性相统一原则，实际上是这一条基本原则在大学会计教学中的具体化。

一条教学原则，一旦被提出来，就应该涵盖会计教学的所有内容与形态。会计教学，尽管也需要传授知识，但是知识是能力的基础，传授知识的目的在于促进能力的习得，所以其教养方面的核心目标还是培养能力。为了表达的方便，我们在这里并没有提到传授会计知识与培养会计人格相结合，但是由于会计知识包容在其会计能力之中，所以我们只需要提到会计能力培养与会计人格教育相结合就行了。当然，理解这条原则的时候，还是应该看到会计知识传授与会计人格教育相结合也包括在会计能力培养与会计人格教育相结合的原则之中。

在会计的教学过程之中，这条原则要求会计教师，不管是教授哪一个专题，还是教授哪一个环节，不管是教其中的哪一门具体会计专业课程，还是教哪门具体会计专业课程之中的哪一个章节，都必须将会计知识的传授、会计能力的培养与会计人格的教育挂上钩，使其同步完成任务。也就是说，会计教师教的是会计知识，培养的是大学生的会计能力，但始终必须装着会计人格教育这根弦，并且不让它与会计知识传授和会计能力培养脱离开来。

2. 原则的确立依据

这一教学原则的提出，主要是基于下列依据：

第一，大学生培养目标的需要。会计专业的大学生，需要获得全面发展。这其中，既包括获得专业知识与形成专业能力，也包括怡情养性、陶冶心灵、得到人格完善，当然也包括智力与个性的相应发展。人与动物的相同之处在于均需学会谋生的能力，人与动物的不同之处在于人还需要在获得谋生能力的同时使心灵得到塑造、人格得到完善。对会计专业的大学生而言，获得专业知识与形成专业能力就是学会谋生的能力，以便将来能找到工作，谋求生存。但是，他的谋生，只能在人类社会之中进行。他必须与人打交道，也必须与人良好合作，所以他只具备谋生能力还不行，还必须具备与人们良好相处的能力，也就是具备一种能赢得尊重与合作的人格。这表明，会计教学在完成培养大学生谋生能力的同时，必须同时完成塑造其健康人格的任务。

第二，会计学科的特点使然。会计学科的基本职能在于反映与监督经济活动，其中反映是客观的职能，而监督则带有明显的主观色彩，这说明会计具有二重性。一方面，它要真实反映经济业务的过程与结果，具有明显的工具性；另一方面，它又要监督与控制经济业务，为会计信息的使用者提供决策依据，具有明显的人文性。具备工具性的会计学科，要求会计从业人员掌握其基本技术，具有真实客观地提供会计信息的能力，也就是具有会计能力；而具备人文性的会计学科，则要求会计从业人员在真实地处理会计信息时，担负起监督调控者、决策者、管理者的任务，并使会计信息的处理更好地为国家、企事业单位或个人服务。简言之，会计从业人员既要与会计信息打交道，也要与人的决策相关联。会计从业人员能否在真实反映经济信息的同时，使自身提出的建议更合理、更具操作性，便显得尤为重要。所以，会计人员，也包括将来要成为会计人员的会计专业大学生，在学会真实客观处理经济信息本领的同时，也必须使自己更具人性色彩，也就是使自己的人格更趋完善。

第三，会计教师的客观影响。会计教学是教师的教与学生的学相结合的共同实践。在教与学共同配合的实践过程中，教师除了通过教学内容以影响大学生的心灵以外，他自身的一言一行、思想意识、态度主张、价值取向等均能产生对大学生心灵的影响力。教师在教学过程中，教的是会计知识，训练的是会计能力。但是，在同时，他自己的言行举止及其倾向性会不知不觉地影响学生的态度与意识，促使大学生的这些人格因素在潜移默化之中得到改善。所以，会计教师完全可以在教学之中利用这些言传身教和以身作则的因素来影响学生的心灵与人格。

我们常说，一个人不能成为“思想的巨人，行动的矮子”。其实，反过来说，一个人不能成为“思想的矮子，行动的巨人”，也能成立。这说明，思想与行动必须匹配。这个观点移用于本条教学原则的阐述之中，换一个措辞，便成为人格与能力必须匹配。可见，会计教学必须同时担负起人格教育与能力培养的责任，并使大学生的人格与能力相匹配，是一个基本要求。

3. 原则的贯彻

会计教师如何在自己的教学中遵循与贯彻这一教学原则呢？这需要通过强调三个方面的认识来落实。

首先，要全面理解人格教育的含义。人格与人格教育，是一个综合概念。单就人格而言，便包括个人心灵之中的一切因素，如政治意识、道德情操、思想品质、审美情趣、人生观点等。单独来看人格教育，指的就是这一切心灵因素总和的教育。人格教育，应该是各级各类学校的各门学科教学的共同任务，但是每一个具体学科所实施的人格教育总会具有学科专业特征。所以，会计学科的教学在对大学生进行人格教育时，自然也具有会计专业色彩。我们可以说，会计教学所实施的人格教育，实际上只能称之为会计人格教育。我们在谈会计教学的基本目标时，就已经认定，它包括对大学生的工作态度、职业道德、合作精神等三个方面的人格进行突出性的教育，因此这里所提到的“人格教育”，仍然与这一说法相一致。会计教师的教学，也只能从这三个方面来影响大学生的人格。

其次，要以渗透作为途径。渗透，即渗入与浸透的意思。一块白布上滴几滴墨水，这块白布上会出现几个大的黑点。这几个黑点的面积一定大于滴上去时墨水的面积。墨水滴上白布，慢慢弥漫开来，这不叫作渗透。我们所提出的在会计教学中对学生进行人格教育，不是这种白布上滴墨水的方式。一块白布浸在水中，然后将黑色染料滴入水中，然后将水加热，使颜色慢慢进入白布之中，最后拿出来的白布变成了黑布。这个过程，就叫做渗透。它是黑色染料渗入与浸透到了整块白布之中。我们所提出的在会计教学中培养大学生的人格，就需要将人格教育的理念这样渗透到会计教学的能力培养之中。所谓“随风潜入夜，润物细无声”，指的就是这种渗透。这个渗透的意思是，人格教育相当于黑色染料，而能力培养相当于整块白布，我们要将人格教育的染料渗透到能力培养的白布之中，并最终使能力培养这块白布带上人格教育这种染料的色彩。换句话说，就是要把会计人格教育理想附着在会计能力的训练过程中，使大学生最终获得的会计能力中包含有会计人格的成分。为此，会计教师在教学时，必须眼中瞄准会计能力培养，而心中却装着会计人格教育，并随时随处恰到好处地使二者结合起来。

最后，以不脱节作为规范。脱节，指的是会计能力培养与会计人格教育相脱节。贯彻这一原则，最应该避免的便是将二者脱离开来的形而上学的做法。如果不顾会计能力培养的实际，为了进行会计人格教育而牵强附会，或者强行加上会计人格教育的成分，都属于脱节的做法。本条原则需要的做法是，在完成会计能力培养这个任务的过程中，相应地渗入会计人格教育的内容。也就是说，会计教学在培养大学生的会计能力的时候，只有需要的时候和能够渗入的时候，才加进会计人格教育的因素。脱离会计能力的培养，单独进行会计人格教育，或者只一味地培养会计能力，却不考虑同时进行会计人格教育，都是脱节的表现，是不行的。换言之，没有会计能力培养的会计人格教育，和没有会计人格教育的会计能力培养，都是不正确的教学操作。

（二）会计原理阐释与会计案例分析相结合的原则

1. 原则的含义

会计，作为一个信息系统，具有一系列自成体系的规则与原理，形成了相对完备的知识体系。会计、财务管理、审计人员，必须掌握这些规则与原理，才能从事相应的工作，并具备相应的工作能力。所以，打算从事会计、财务管理和审计工作的人员，均需学习会计的基本原理，并加以掌握。高等学校中的会计专业，就是专门培养会计人员的，因而必须开设会计专业课程，以向大学生传授这些规则与原理。对会计专业课程的教师而言，在自己的教学中，向大学生介绍与阐释这一系列的会计规则与原理，便成了教学的一个基本任务。

但是，会计的规则也好，原理也好，都是比较抽象的概念体系。规则与规则之间，原理与原理之间，尽管存在着一定的逻辑关联与先后联系，但是理解起来仍然是比较艰难的。帮助大学生解决理解上的难题，最有效的教学方法便是举实例，用一系列生动的实例来加以说明，以达到深入浅出、形象生动的目的。案例教学便是举实例的最好表现。

同时，会计的规则与原理，都是为会计工作的实践而设的，其最终指向的还是会计人员的实际操作。对会计专业的大学生讲授会计的规则与原理，实际上也是为了最终使他们具备实际操作的能力。然而，规则与原理属于知识，实际的操作则属于能力，在知识与能力的转化中，如果没有一座桥梁，也难以达到目的。这座桥梁当然可以依靠会计的模拟实习或者实践锻炼去架设，但是在理论教学的过程中只能依靠案例分析来架设。如果没有案例分析，会计的原理得不到理解与巩固，原理的阐释便会成为纸上谈兵。可见，将案例分析与原理阐释结合起来，也是培养会计能力的需要。

所谓会计原理阐释与案例分析相结合，实际上就是借助企业会计实务中的案例来完成帮助学生理解与掌握会计知识的任务，将抽象的概念与生动具体的例子结合起来。这一原则实际上是教学论中所说的“理论与实践相结合原则”的具体化，也包含了启发性原则、直观性原则与巩固性原则的因素。如果把会计的原理看成是理论，而把会计的案例分析看成是实践，这便是典型的“理论与实践相结合”。同时，教师之所以采用案例教学，也主要是为了启发学生，以形象具体的例子帮助学生理解。近年来，案例教学大行其道，实际上也是这一教学原则得到体现与落实的标志。

2. 原则的确立依据

案例教学已经成为会计专业课程教学的时尚，将会计原理的阐释与会计案例的分析结合起来的依据有以下三个方面。

第一，人才市场的需要。大学毕业生带着满脑子的专业知识来到工作岗位，这些知识必须转化为操作能力才能发挥作用。上大学时，知识很重要；到了工作岗位，知识便必须退居二线，隐藏到能力背后，而由知识到能力的转化需要一个过程。在计划经济时代，各个用人单位都允许新上岗的会计人员有一段“磨合期”，甚至有的单位还特意安排师傅传帮带，以老带新，以使大学毕业生逐渐适应工作的需要。进入市场经济时代，会计人员已经成了人才市场的商品，用人单位要求所选用的会计人员必须立即进入角色，独当一面。这样，一向以没有实践经验而自居的大学毕业生，在就业的时候便遇到了难题，难以找到自己理想的工作。怎么解决这一难题？最好的办法是在大学专业课程教学过程中，便让会计专业的大学生锻炼这种实践能力。而案例分析的教学方法正好可以担此重任。

第二，会计学科教学的需求。会计学科的应用性与实践性极强，与现实的经济生活也息息相关。这个特征要求会计学科的教学密切联系经济现实，体现会计应用性，为培养应用型人才服务。现实的经济生活在向会计学科提出挑战的同时，向会计教学也提出了挑战，并且为会计的教学提供了丰富多彩的案例。教师将这些案例移用到会计教学的课堂，能够使枯燥的概念变成生动的故事，使呆板的报表变成迷人的图案。所以，案例分析与原理阐释相结合能够鲜明地体现出会计专业课程的应用性特征，并且有利于培养大学生的实际操作能力。

第三，教师追求良好教学效果的需要。如何使自己的教学富于吸引力，表现生动形象的特征，并能帮助大学生获得最佳的学习效果，这是每一位教师关注的问题，也是其追求的目标。要达到这个目标，便需要对教学内容与教学方法进行改革，使之更适合于课堂教学的操作。采用案例教学，将案例分析与原理阐释结合起来，其实就是教学内容与教学方法改革的具体表现。借助案例分析，以生动活泼的实际背景来证实抽象的定义、定理、规则与原理，以形象思维来映衬内在逻辑，既能说明原理的客观性和可操作性，又能启发与引导大学生对原理的理解与掌握，并能使大学生从中学到具体的操作规程与解决问题的方法，可谓一举多得。我们常说，事半功倍，并以此作为提高效率的标准。其实，大学会计教师的教学，通过采用案例教学的方式，恰好可以达到事半功倍的效果。

3. 原则的贯彻

会计原理阐释与会计案例分析相结合的原则在教学过程中得到遵循与贯彻，需要会计教师牢固树立几个基本观念。

第一，树立理论联系实际的观念。会计原理阐释实际上是理论阐释，会计案例分析实际上是实际分析，这两者的结合就是理论与实际的结合，体现的就是理论联系实际的观念。其实，会计原理是在一系列会计实际活动中总结出来的规律，必然适应于任意一个具体的案例，它们之间的关系就是一般与个别的关系、抽象与具体的关系、规律与实证的关系。会计的案例分析中必然蕴藏着会计的原理阐释，会计的原理阐释也必然需要会计的案例分析来说明、检验与印证。两者之间互相关联，不可脱节。为此，会计教师应该在教学时随时关注两者的联系，始终将两者结合起来。

第二，树立一种互动的观念。所谓互动，指的是会计教学过程中会计原理阐释与会计案例分析之间的互动。这种互动既是一种互相依赖，也是一种互相带动。互相依赖说的是两者之间不可分离的关系，即会计原理的阐释必然借助于会计案例的分析来佐证，会计案例的分析也必然借助于会计原理的阐释来实施，两者你中有我，我中有你，互不分离。互相带动说的是两者之间互为先后的关系，即教学时，既可以先阐释会计原理然后用会计案例的分析来印证，也可以先分析会计案例然后从中抽象出会计原理并加以阐释，两者谁先谁后，并无固定程式。

第三，树立一种研究性教学的观念。教学有几种程式？依教材顺序阐释理论与原理，教师讲学生听，教师考学生背，始终围绕原理做文章，这是第一种。依实践操作顺序手把手传授技术，教师示范学生模仿，教师指点学生训练，始终关注学生的动手能力，这是另一种。依教材顺序阐释原理，同时依相应实践操作顺序手把手传授技术，将两者结合起来，教师既讲述也示范，学生既动脑也动手，始终关注知识与能力的同步发展，这是第三种。将会计原理阐释与会计案例分析结合起来的教学就是第三种程式。这种程式对教师来说，不是单一的宣讲，对学生来说，也不是单一被动地接受。它实际是一种研究，是教师带领学生进行研究，让学生重新探讨会计原理建立的过程，体会研究的乐趣。所以，这一原则的贯彻实际上是要求实施一种研究性教学。研究性教学对于大学教育来说，是一种行之有效的教学方式，也是必然采用的一种教学方式。对于会计教师而言，树立一种研究性教学的观念，让学生带着研究的心态与眼光参与学习，既能有助于丰富其会计理论的修养，又能有助于提高其会计实际操作的能力。

（三）会计知识传授与会计法规传播相结合的原则

1. 原则的含义

会计教学的目标在于为社会培养合格的会计专业人才。经济活动中的会计、财务管理与审计渗透着一系列客观存在的规律、程序与规则。这些规律、程序与规则被总结与抽象出来，便成了会计学科的知识体系。对于会计人员而言，这样的知识体系必须牢牢掌握。否则，不了解会计工作的规律、程序与规则，便会出现差错，难以胜任工作。以培养会计、财务管理与审计人员为己任的会计教学，理所当然要担负起传授这个知识体系的责任，使会计专业的大学生将来能根据实践过程的规律、程序与规则来处理会计事务，胜任工作。所以，会计教学必须做好传授会计知识的工作。

经济活动中，会计、财务管理与审计工作的进行还受一系列的外围因素的制约。

这些外围因素既包括与之相关的经济法律，也包括国家经济管理部门制定的会计法规、会计制度，甚至包括一些行业会计制度与规定。它们虽然不是会计工作中客观存在的规律、程序与规则，但同样对会计工作具有强制的制约性。会计人员在处理经济业务时，必须依照这些法律、法规与制度办事。可以说，国家也好，行业也好，部门也好，制定这些法律、法规与制度的目的无非是规范操作的程序，建立一个约束的机制，创设一种监管的手段，以便实施宏观调控与管理。这些法律与法规一旦颁布实施，便具有客观制约性。所以，对于会计人员而言，这些法律、法规与制度（概称为法规）照样需要牢牢掌握。如果会计人员掌握不好，理解不透，便难以胜任工作。大学的会计教学，在传授书本上的会计知识时，应该同时向学生介绍与传播这些会计法规。

当然，会计知识具有广泛的适应性，而会计法规的适应性则要受到行业、部门甚至地域的影响，不如会计知识的适应面广。所以，会计专业课程的教科书主要涵盖的是具有广泛适应性的会计知识，而少有会计法规的专题介绍。既然会计知识与会计法规对会计人员的工作同样不可缺少，那么在依据教科书传授会计知识的同时，也必然要随时渗透会计法规。这就需要会计教师适时补充、扩展教材内容，将会计法规的介绍与会计知识的传授结合起来，同步完成。因此，所谓会计知识传授与会计法规传播相结合的原则实际上指的是，在会计教学中，会计教师向学生传授会计知识的时候，随时向学生补充性地介绍一些会计法规，目的在于让学生既学到会计知识，又了解会计法规，从而使之能够得心应手地从事会计工作。

2. 原则的确立依据

这条原则的提出主要基于以下几个方面的客观事实。

首先，会计知识与法规对会计业务的同时制约。会计知识是会计工作的规律总结。它来源于会计实务，又回过头帮助会计人员有效地处理会计实务。会计知识存在于会计实务之中，从业人员只有掌握了才能处理好会计实务。会计知识是从业人员处理会计实务的内在需要，从实质上制约着从业人员的操作规程。会计法规则不同，它是必须遵守的，因此它从外在要求上制约着从业人员的操作规程。可以说，会计知识与会计法规相生相伴，相辅相成，属于两类不同的知识，从内在与外在两个角度同时约束从业人员的一切行为。可见，对于准备从事会计工作的会计专业大学生而言，两种知识都必须掌握。

其次，会计知识与法规动静相随。一般情况下，会计知识属于静态知识，一旦形成，便具有相对的稳定性；而会计法规则属于动态知识，会随着经济体制、政策方向与企业发展业务的变化而随时变化。但是，像经济体制的改革、政策方向的调整、经济业务的改变这样的大前提，对会计知识与会计法规的影响力是等同的。一旦大前提改变，会计法规便会相应调整，最终也会导致会计知识进行改进与更新。所以，会计法规的变化也会导致会计知识相应发生变化。比如，从计划经济体制到市场经济体制的转变、从国税制到国税与地税并行制的变化等，都会导致会计法规的变化，事实上也最终导致了会计知识的变化。这样说来，会计教师应根据大前提的改变状况，适时向学生介绍新的会计法规，同时调整会计知识的传授内容。

最后，会计知识与法规刚柔相济。会计知识作为静态知识，属于刚性知识、硬知识，是非记住照办不可的；会计法规作为动态知识，则属于柔性知识、软知识，尽管也非记住与照办不可，但其时效性比较鲜明，变化的频率较快，灵活性特征较强，特别是会计准则与税务政策变动比较频繁，因而需要随时调整，不断更新。不过，无论如何，在处理会计业务时，从业人员都必须将两类知识同时调动起来，实现刚柔相济。比如，差旅费的报销，核算的方法与程序是固定不变的，也就是说这方面的会计知识是不变的，但是差旅人员的补助标准则是因人因地因时因单位而异的，从业人员必须根据相应的法规确定具体差旅人员的补助标准，按固定不变的核算方法与程序处理，办理报销手续。这其中，实际就体现了会计知识与会计法规之间刚柔相济的特征。差旅费报销的核算方法与程序方面的知识属于刚性知识，而补助标准则属于柔性知识，只有将两类知识结合起来，才能处理好相应账目。

3. 原则的贯彻

会计知识传授与会计法规传播相结合的原则在教学过程中得到遵循与贯彻，需要强化以下几个基本观点。

第一，将会计法规看成是知识。如前所述，会计法规属于动态知识。它跟教科书里的专业知识尽管有别，却是互相配套，并同样发挥作用的。我们在进行会计教学的时候，如果只关注教科书里的知识传授，却不顾现实中的会计法规的传播，就会使大学生的知识结构产生断层。会计知识与会计法规缺一不可。为此，需要教师将会计法规看成是知识，并且伺机行事随时补充，在传授书本知识的同时，向大学生多加以介绍。那种只讲书本知识，而不顾及相关知识的观念是目光短浅的表现。我们常说，教师要将课内与课外两个空间联系起来，让学生既学到课内的书本知识，也学到课外的现实知识。其实，会计法规知识便是一种课外的现实知识。它应该引起会计教师足够的重视。

第二，将两类知识与会计操作挂钩。会计法规也好，会计知识也好，这两类知识实际都是既来自会计实际业务，又用来指导会计实际业务的。知识的教学只有与实践的操作相结合，才能有助于学生更好地理解知识、消化知识、运用知识，也才能有助于学生牢固地记住知识。所以，我们在强调两类知识的传授相结合时，要同时强调将两类知识的传授渗透在会计实践的操作之中。纯粹地传授知识，为了传授知识而传授知识，无助于灵活运用能力的增强，也无助于提高学生学习知识的兴趣，是不可取的。为此，在传授两类知识的同时，会计教师要多多地举例，并让学生做相应的练习，使之在练习之中消化与运用知识。

第三，将两类知识与其他知识相联结。会计知识与会计法规这两类知识，在从业人员那里其实是与其他专门知识共生的。比如，外贸企业的会计人员在处理账务时，既需要掌握会计知识与会计法规，又要了解外贸结算制度、出口退税机制等方面的知识，同时需要掌握商品等级知识与物价知识，这样看，会计人员的知识面应该是越广越好，至少是需要掌握的相关知识都应该具备。可见，我们在从事会计教学时，有责任，也有义务让学生在学到两类知识的同时，学到其他相关知识，并使这些知识产生联想，形成整体，转化为实践操作的能力。会计教师在传授会计知识与会计法规时，还必须介绍其他相关的知识，这无疑向教师们提出了挑战，但这个挑战又是非迎接不可的。

（四）会计技能训练与会计心理锻炼相结合的原则

1. 原则的含义

如果说会计知识教学是会计教学的基础。那么，会计技能训练便是会计教学的核心。对大学生进行会计技能训练，既是教学的最终目标之所在，也是教学的难点之所在。我们说，职业能力就是一种技能。财务、会计、审计这些职业所需的能力，我们统称为会计技能。会计教学的主要任务便是在教学过程中训练大学生的这种会计技能。

具体说来，会计技能涵盖会计信息的记录技能、鉴别技能、归纳技能、分析技能、使用技能等方面，其外在表现由会计操作的准确性、速度与熟练程度等因素体现。这些技能的获得离不开反复训练。所谓“熟能生巧”，指的便是技能训练。没有反复训练，谈不上熟练程度，也谈不上速度；没有仔细训练，谈不上准确程度。所以，会计教学需要在技能训练上多花时间，多费心思。

会计心理与会计技能相伴相随。我们认为，高超的会计技能必然有良好的会计心理作为背景。我们提出，会计工作从业人员必须既认真细致，又求真务实，既有耐心，又有诚心，既不怕苦，又不畏难，指的就是这种会计心理。这样的会计心理既与人的意志相关，也与人的习惯相联，还与人的性格相应，也就是与从业人员的个性相符。所以，所谓会计心理锻炼实际也就是会计个性培养。

这里提出的会计技能训练与会计心理锻炼相结合的原则是指会计教学要在完成对大学生的会计技能训练的同时，使大学生的会计心理同步得到锻炼，从而为养成其特有的会计个性服务。相比之下，会计技能训练是外显的，而会计心理锻炼是内隐的。不过，它们之间的关系就好比是一张纸的正面与反面，我们看到的是正面，但实际是隐藏在正面后面的反面总会同时出现在这张纸上，只是我们表面没有看到罢了。会计教学中，我们的直接目标是对大学生进行会计技能的训练，但在训练其会计技能时，又总是同时在对其个性心理进行锻炼。比如，记录技能的训练，要让学生经过反复训练，达到既快又准的程度，便需要同时培养大学生耐心细致与自信稳重的性格，锻炼他们的职业心理。可以这样说，我们表面上在对大学生进行会计技能的训练，而实际上又同时对大学生的意志、习惯与性格进行了磨炼，使他们逐渐地具备了财务、会计与审计工作所需要具备的特殊个性。既然如此，我们在教学中，就应该将其作为一个明确的指导思想，有意识地加强对大学生会计心理的锻炼。

2. 原则的确立依据

会计技能训练与会计心理锻炼相结合原则的提出主要基于下列依据。

首先，技能是心理的体现与反映。任何技能，背后都隐藏着一定的心态。司机的驾车技能体现与反映的是胆大心细，教师的教学技能体现与反映的是自信热忱，体操运动员的运动技能体现与反映的是沉稳协调，点钞员的点钞技能体现与反映的是专注细心。可以说，任何技能的习得过程都是相应的心理状态的锻炼过程，没有心态的训练，技能的训练也会落空。许多运动员的技能非常熟练，但是比赛的时候因为怯场或紧张的心理而导致动作差错，实际上也说明了技能与心理同步训练的重要性。会计技能需要稳重自信、耐心细致、求真务实等心理状态相伴随。会计技能的熟练程度与准确程度同时体现与反映的便是会计人员的自信稳重程度、耐心细致程度、求真务实程度。正因为这样，会计专业的会计教学，在培养大学生的会计技能、进行相应的技能训练的同时，需要锻炼其相应的心理。

其次，心理能够配合与促进技能的表现。良好的心理状态反过来能够配合技能的表现，也能够促进技能的提高。心浮气躁、粗心大意是干不好会计工作的。在常人那里，不管从事何种工作，也不管发挥何种技能，心态好的时候便会得心应手，心态不好的时候则会容易出现错误。这个现实便说明了心理与技能的配合关系。离开了良好的心理状态，再熟练的技能，其准确性也会大打折扣。而会计工作最关注的便是准确性。没有沉稳细致的心理状态，没有求真务实的个性特征，这种准确程度便难以保证。更为重要的是，良好的心理状态能够促使技能得到更有效的发挥，所谓“越战越勇，越勇越战”，说的就是这种良好心态对技能的促进作用。由此可见，我们在训练会计技能时，务必同时锻炼会计心理，并使之在大学生的身上结合起来，同步协调发展。

最后，技能与心理可以在训练之中合而为一同步发展。机械重复的技能训练锻炼的是受训练者的耐心与诚心；加大难度的技能训练锻炼的是受训者的信心与进取心；变换条件的技能训练锻炼的是受训者的灵活性与适应性，即随机应变心态。不同的技能训练锻炼的是不同的心理状态。然而，这些技能也好，心态也好，对从事技能性工作的人员而言，都是需要具备的。既然心理与技能的训练总是内外配合、协调同步的，我们在会计教学中对大学生进行会计技能的训练时，也必须与心理训练结合起来。为此，我们可以有意识地变换训练方式、要求、程序与难度，将分项训练与综合训练结合起来，同时完成对大学生的会计技能与会计心理的训练。

3. 原则的贯彻

在会计教学中，遵循与贯彻会计技能训练与会计心理锻炼相结合原则，主要应该关注心理锻炼这一内容，不要只顾表面的技能训练，而忽略了内在的心理锻炼。为了保证这一原则得到落实，会计教师需要形成以下三个认识。

第一，坚持以人为本的观点。教育的目标在于塑造人，教学的目标也在于培养人。这个“人”应该是全面发展的人。技能与心理的关系实际也就是部分与部分的关系、外表与内核的关系。我们的教学，如果带着培养人的观念来操作，便会富于人情味。如果只看到知识与技能这些因素，却忽略心灵与个性这些因素，我们的教学便会成为功利主义的牺牲品，丧失人文主义的色彩。人之所以区别于动物，就是因为人类有复杂的心灵与个性。坚持以人为本的观点，始终全面发展人的各项素质，理应成为各门学科教学的共同追求。大学的会计教学在训练大学生的会计技能时，适当注意锻炼其会计心理，实际上就是这一追求的具体体现。

第二，注重综合素质的锻炼意识。我们提倡素质教育，关注的是对学生综合素质的锻炼。这个综合素质既包括知识与技能，也包括体魄与心灵，还包括个性与心理。将技能的训练与心理的锻炼挂钩，实际也就是落实素质教育中锻炼学生的综合素质的观念。财务、会计、审计人员的综合素质包含会计技能，也包含会计心理。其会计技能是一种职业技能，其会计心理也是一种职业心理。所以，锻炼会计专业大学生的会计技能与会计心理，实际上是锻炼其会计职业的综合素质。比如，我们在训练学生的会计信息鉴别技能时，故意让他们去查错与纠错，或者故意让他们犯错后复核，都是在锻炼他们的会计心理，也是对他们的综合素质进行锻炼。

第三，树立心育观念。心育，即心理教育。这是近年来提出的教育主张。以前教育界只提德、智、体、美、劳五个方面的教育，最近大家还提出并接受了第六个方面的教育主张，就是心育。意思是说，在教育教学的过程中，我们的教师能够做到，也应该做到对学生的心理进行教育。我们提出会计技能训练与会计心理锻炼相结合，便是这种心育主张的具体落实。其实，心理的教育与其他五个方面的教育相比较，是一种最能影响人的素质的教育，也是一种最彻底的教育。大学的会计教学是能够为落实对大学生进行心理教育服务的。

技能的训练可以在短时期内完成，并且可以不断精进，日臻完善；心理的锻炼则需要一辈子不间断，在职业生涯里不断调适，实现与技能的更有效配合。大学里的会计教学可以在短期内完成对学生会计技能训练的同时，对他们进行会计心理的锻炼，并使他们具备起码的职业心理，以便更好地投身会计职业之中。

第四节　会计教学的手段与方法

一、会计教学的手段

（一）讲授的手段

1. 讲授手段的含义与方式

讲授是指教师通过口头语言向学生描绘情境、叙述事实、解释概念、论证原理和阐明规律的教学手段。①它是教师使用最早的、应用最广的教学手段，可用于传授新知识，也可用于巩固旧知识。讲授有多种具体方式：

（1）讲述。讲述侧重生动形象地描绘某些事物现象，叙述事件发生、发展的过程，使学生形成鲜明的表象和概念，并从情绪上得到感染。凡是叙述某一问题的历史情况以及某一发明、发现的过程或人物传记材料时，常采用这种方法。在低年级，由于儿童思维的形象性、注意力不易持久集中，在各门学科的教学中，也多采用讲述的方法。

（2）讲解。讲解主要是对一些较复杂的问题、概念、定理和原则等，进行较系统而严密的解释和论证。讲解在文、理科教学中都广泛应用，在理科教学中应用尤

① 朱凌华．会计教学与信息技术的应用研究[J]. 林区教学，2016（12）： 15-16.

多。当演示和讲述不足以说明事物内部结构或联系的时候，就需要进行讲解。在教学中，讲解和讲述经常是结合运用的。

（3）讲演。讲演是指教师就教材中的某一专题进行有理有据、首尾连贯的论说，中间不插入或很少插入其他的活动。这种方法主要用于中学的高年级和高等学校。

（4）提问。提问是指教师以置疑、问难的方式所进行的讲授或说话。提问一般采用疑问的语气，有时又带有祈使的语气。它的功能在于启发与诱导，在于调动与促进，是教师发挥教学职能并约束学生学习的有效手段。提问可以引发思考，可以引发讨论，甚至可以引发研究的兴趣。提问的目的在于开启学生的思维，提高学生的热情，或者摸清学生的底细，同时落实对学生的训练。会计教学中的提问可以是有疑而问，可以是无疑而问，也可以是自问自答，因此提问的方式有疑问、反问与设问三种。从方法上说，还可以有追问、直问、曲问、趣问等问法。教师所提的问题应该具有问题价值，对学生的学习掌握确有帮助，不能为了提问而提问，搞表面热闹而内心无动于衷的形式主义。提问的措辞宜多问“是什么”“怎么样”“为什么”之类的问题，尤其是多问“为什么不”之类的问题，而少问或不问“是不是”“对不对”“好不好”“要不要”之类的问题。教学过程中，会计教师向学生提出一些问题可以起到深化教学的作用，可以起到调动气氛的作用，可以起到穿插过渡、承上启下的作用，也可以起到开掘引申、言有尽而意无穷的作用。大学的会计教师应该既乐于提问，又勤于提问，还要善于提问，实现以问代讲、以问带讲的目的。

（5）答疑。答疑是指教师回答疑问、解答疑惑的讲授方式或说话方式。回答疑问指教师回答自己的提问；解答疑惑，指教师团应学生的求教。课堂上，教师提问以后，学生回答了，但到底对不对，究竟怎么回答，最终还需要教师来总结或回答。至于教师的自问自答，更需要回答。课堂上，学生也会举手发问，请求教师解答疑惑，大学生甚至会因为对教学内容表示怀疑而提问。答疑时，一般以说明与议论的表达方式来说话，采用的是陈述的语气。当然，也可以以问代答，以启发取代回答，把思路留给学生，让他们自己找到答案。还可以答一半，留一半，或者只回答一部分，而要求学生自己回答另一部分。这都是比较巧妙的答疑方法。答疑，要求教师灵活机智，也要求教师谦恭诚实，还要求教师讲究技巧，引而不发，开而不达，点到为止。

（6）评价。评价是指教师对教学内容或学生表现进行评析、褒贬而进行的讲授方式或说话方式。评析，针对教学内容或教材内容：褒贬，针对学生的表现，包括对其答问、练习、演算、操作等情况的表扬或批评。大学教师应具有学术勇气与独立见解，对于教学内容或教材内容，对于使用的会计案例，都可以进行评点，发表自己独到的看法。对于大学生在学习过程中的参与与表现，教师也有责任给予适时、恰当、中肯的评价，指出他的不足，肯定他的优势。这样的评价一般采用陈述语气与感叹语气相结合的方式，而且情理相生的色彩较为鲜明。评价要求中肯恰当、切中要害，要求一分为二，鼓励为主，也要求公平公正、客观冷静。评价学生时，教师需要控制情感，也需要实事求是，不偏不倚。因此，评价对教师的人格要求较高。

2. 讲授手段的特点

（1）信息量大。

信息量大能使学生通过教师的说明、分析、论证、描述、设疑、解疑等教学语言，短时间内获得大量的系统科学知识，因之适用于传授新知识和阐明学习目的、教会学习方法和进行思想教育等。

（2）灵活性大。

灵活性大，适应性强。无论在课内教学还是课外教学、也无论是地理感性知识还是理性知识，讲授手段都可运用。它使学生通过感知、理解、应用而达到巩固掌握的目的，在教学进程中便于调控，且随时可与组织教学等环节结合。

（3）利于教师主导作用的发挥。

教师在教学过程中要完成传授知识、培养能力、进行思想教育三项职能，同时要通过说明目的、激发兴趣、教会方法、启发自觉学习等调动学生的积极性，这些都适合通过讲授方法体现自己的意图，表达自己的思想。讲授手段也易于反映教师的知识水平、教学能力、人格修养、对学生的态度等，这些又对学生的成长和发展起着不可估量的作用。

讲授手段缺乏学生直接实践和及时做出反馈的机会，有时会影响学生积极性的发挥。

（二）演示的手段

1. 演示手段的含义与方式

演示是指通过一些方式和工具，将信息传达给他人，是一种信息传达的行为方式，即利用实验或实物、工具把事物的过程显示出来的过程。

演示有多种具体方式：

（1）演算。

演算是指按照一定的原理或公式计算。会计教学过程中，有不少内容需要演算给学生看，是一种教师对会计教学中的资料核算内容，利用黑板、算盘或计算器、模拟仿真系统等工具进行运算，以给学生提供运算示范的教学方式。财务、会计与审计工作离不开数学运算，会计教学中的数学运算也不少。对于会计专业的大学生来说，尤其需要学会这些数学运算。一般说来，数学运算大致可采用心算、手算、珠算、电算这四种方式。这四种方式，会计教师均应在课堂上演算给学生看，所以演算的手段是会计教学不可缺少的一种基本教学手段。四种运算方式当中，心算与笔算的运算需要使用黑板与粉笔，珠算的演算需要使用算盘，电算的演算需要使用计算器或模拟仿真系统，总之，都需要使用特定的教学设备。因此，显而易见，演算的手段照样是一种辅助教学手段。它的使用目的在于让会计专业大学生学会心算，提高笔算的准确性，熟练地使用算盘与计算器，训练会计运算的技能，掌握一种硬性的职业本领。会计教师的演算实际上是一种示范，既是技能的示范，也是技巧的示范。它的功能在于让学生边看边学，边学边会，边会边巧，有助于极大地提高大学生的学习兴趣。

（2）操演。

操演指教师在教学活动中利用实验设备、教学机器及其相关材料组织教学，并通过操作演示这些设备、机器与材料来传达信息，直观展示教学内容，完成教学任务而采用的教学方式。会计教学中的操演主要指操演一些常规的电化教学设备及其相关材料。在会计类课程的教学中，借助计算机系统及其外部信息输入输出设备对操作性的教学内容进行操作演示，效果要强于教师的讲授，既能产生对会计教学内容的形象展示作用，也能产生对会计教学信息的综合传达作用，既能产生对教师教学的辅助替代作用，也能产生对学生学习的激发促进作用，更能产生节省教学时间、提高教学效率的作用。可见，操演的方式应该大力提倡，广泛使用。

（3）展示。

展示指的是教师在教学活动中，根据教学的需要，向学生展示有关教学内容的照片、图片、实物、标本、模型等教具而采用的教学方式。展示的方式可以是实物展示，也可以是信息化资源的展示。实物展示可以让学生看到较为真实的展示内容，便于场景模拟，提高学生的感知能力。信息化资源的展示需要借助计算机系统进行展示，信息化资源可以以多种形式进行展示，如图片、动画、视频等。信息化资源还可以与相应的应用软件相结合，对展示的内容进行多方面的辅助展示，从而让展示过程更直观、方便、快捷。会计教学中，展示手段的运用主要是出示图片与实物两种情况。流程图、分析图、会计原始凭证和实物等都可以在课堂上展示出来。通过展示这些东西，有助于教师的直观讲授，有助于学生的形象理解，当然也有助于教学效率的提高。

（4）示范。

会计领域的学习最终要落实到业务的操作之上。大学生从未接触过会计业务，从学习到操作需要一个过程。这个过程便是教师的操作示范。所以，示范指教师在教学过程中对实际操作业务的一种演示，通过这种演示让学生模仿学习，并最终学会操作而采用的一种教学方式。会计教学过程中，会计凭证的填制、会计账簿的登记、会计报表的编制、会计档案的装订、数据表格的填列与分析、相关软件的操作、项目分析与判断、制度与流程的设计、业务报告的撰写等都属于业务操作。教这些内容的目的在于让学生能够学会操作。而学生的操作只能从模仿开始，因此少不了会计教师的操作示范。由于这种示范要么需要借助黑板与粉笔，要么需要借助计算机多媒体系统，因此它仍然是一种辅助教学手段。课堂上，让学生学习业务操作时，教师与大学生的关系便变成了教练与运动员的关系。教练要给运动员讲动作要领，也要示范与纠正运动员的差错，会计教师要给大学生讲会计业务的具体操作，也要示范，供大学生模仿，然后再纠正大学生的差错，最终让他们学会操作。从这个角度看，说会计教师应该是处理会计实务的行家里手，是不为过的。这种示范具有手把手的教育功能，也具有直观展示的教学功能，能够直接、具体地帮助大学生学会各种会计业务的操作技能，有助于他们将会计知识转化为会计能力，所以需要大力提倡。当然，这种示范也可以与案例分析结合起来进行。

2. 演示手段的原则

演示是信息传递过程中的桥梁。一般来说，演示的标准主要有两条：忠实和简化。

忠实是指忠实于所要传递的信息，也就是说，把原信息完整而准确地表达出来，使他人得到的信息与原信息大致相同。

简化是指简明扼要、明白易懂、重点突出，没有文理不通、结构混乱、逻辑不清的现象。

（三）多媒体手段

1. 多媒体手段的含义与优势

多媒体手段是指在教学过程中，根据教学目标和教学对象的特点，通过教学设计，合理选择和运用现代教学媒体，并与传统教学手段有机组合，共同参与教学全过程，以多种媒体信息作用于学生，形成合理的教学过程结构，达到最优化的教学效果。①

在会计教学中采用多媒体手段，与传统教学手段比较起来，具有非常明显的优势。

① 屈静晓．互联网＋背景下高校会计实践教学体系创新研究 [J]. 教育现代化，2019，6（83）：167-169.

传统教学条件下，教师靠一支粉笔、一张嘴来操作会计教学，难以达到应有的效果。教学中，一些会计理论、会计实务需要使用大量的篇幅和大量的数据资料加以解释说明，在传统教学条件下，教师往往因为技术条件以及课时时数的限制，而只好对这些会计理论与实务粗略地、简单地一带而过，有时甚至只好舍弃一部分内容，因而造成学生难以全面理解与掌握的现状。而且，有的教师即便试图将这部分理论和实务解释清楚也不得不投入大量的时间与精力，耗费不少课时，又降低了教学的效率。

会计教学采用多媒体手段，既可用于原理的讲授，也可用于实务的操作，并可用于案例的分析。多媒体手段一旦被采用，对教师的教与学生的学均能产生积极的作用。首先，它有利于会计教学的规范化与标准化，有利于及时补充教科书的不足；其次，它有利于改变传统单调的语言叙述方式，有利于引导与启发学生的积极思考，有利于激发学生的学习兴趣，有利于提高学生的学习成效；最后，它也有利于减少教师的重复劳动，使教师在课堂上得到解放，更有利于改变教师的教学观念，使他们树立一种为追求教学效率而进行教学的思想意识。

2. 多媒体手段的特点

多媒体计算机辅助教学是指利用多媒体计算机，综合处理和控制符号、语言、文字、声音、图形、图像、影像等多种媒体信息，把多媒体的各个要素按教学要求，进行有机组合并通过屏幕或投影机投影显示出来，同时按需要加上声音的配合以及使用者与计算机之间的人机交互操作，完成教学或训练过程。

所以，多媒体手段通常指的是计算机多媒体手段，是通过计算机实现的多种媒体组合，具有交互性、集成性、可控性等特点，它只是多种媒体中的一种。

它利用计算机技术、网络技术、通信技术以及科学规范的管理对学习、教学、科研、管理和生活服务有关的所有信息资源进行整合、集成和全面的数字化，以构成统一的用户管理、统一的资源管理和统一的权限控制。多媒体手段侧重于学生可随时通过 Wi-Fi 接入校园网及互联网，方便地获取学习资源，教师可利用无线网络随时随地查看学生的学习情况、完成备课及进行科研工作。其核心在于无纸化教学的实施以及及校园内无线网络的延伸。

二、会计教学的方法

（一）教学方法的概念与内在本质特点

教学方法包括教师教的方法（教授法）和学生学的方法（学习法）两大方面，是教授法与学习法的统一。教授法必须依据学习法，否则便会因缺乏针对性和可行性而不能有效地达到预期的目的。但由于教师在教学过程中处于主导地位，所以在教法与学法中，教法处于主导地位。

由于时代、社会背景、文化氛围的不同以及研究者研究问题的角度和侧面的差异，中外不同时期的教学理论研究者对“教学方法”概念的界说自然不尽相同。教学方法不同界定之间的共性主要有三点：第一，教学方法要服务于教学目的和教学任务的要求。第二，教学方法是师生双方共同完成教学活动内容的手段。第三，教学方法是教学活动中师生双方行为的体系。

教学方法是教学过程中教师与学生为实现教学目的和教学任务要求，在教学活动中所采取的行为方式的总称。教学方法的内在本质特点如下：教学方法体现了特定的教育和教学的价值观念，它指向实现特定的教学目标要求；教学方法受到特定的教学内容的制约；教学方法要受到具体的教学组织形式的影响和制约。

（二）会计教学的基本方法

讨论会计教学的方法，我们是站在会计教师的角度思考的。会计教师为了完成教学任务，追求最佳教学效果，势必组织学生并带领学生理解与训练，通过理解让学生获取会计知识，通过训练让学生获取会计能力。这样，我们确定会计教学基本方法的思路就只能以帮助学生理解与组织学生训练为起点。帮助学生理解，会计教师在课堂上，便要么自己讲授，要么组织学生讨论，采用的教学方法相应就是讲授法与讨论法；组织学生训练，在课堂上，会计教师便要么让学生做一些消化性的练习，要么让学生做一些模仿性的操作，采用的方法相应就是练习法与实习法。因此，会计教学的基本方法便包括讲授法、讨论法、练习法与实习法四种。

至于自学辅导法、分组研讨法、茶馆式教学法、网络教学法之类的现代教学方法，都是由这几种最基本的教学方法派生出来的。

1. 讲授法

会计教学的课堂上，教师要向学生讲述概念、阐释原理、分析报表、演示分录、演算账目、介绍案例，均离不开讲授法。固然，不同内容的讲授，具体的讲授方法也会有所不同。这里我们将会计教学中讲授法的运用按六种不同的讲授方法来分别加以介绍：

（1）逻辑推论法。它是一种严密论证的方法。会计教学中，会计原理的阐释，筹资与投资管理的阐述，应收与预付账款之间关系的说明，收入、成本和利润的测算，资产与负债比例的论述，都需要采用逻辑推论的方法加以讲授。它的特点在于，讲授的思路严密，讲授的条理分明，讲授的态度严谨，讲授的节奏鲜明，环环相扣，逻辑分明。它的优势在于，启发学生思考，引导学生探索，帮助学生理解，并能引发学生的研究兴趣。列宁说，雄辩的逻辑力量是不可战胜的。逻辑推理法的运用恰好能帮助会计教师拥有这种说服力来说服与征服学生。

（2）平铺直叙法。它是一种冷静述说的方法。会计教学中，概念含义的表述、会计历史知识的介绍、会计法规的述说、经济环境的引述、案例的引入都需要采用平铺直叙的方法加以讲授。它的特点在于，讲授的情绪冷静客观，讲授的内容通俗易懂，讲授的条理清晰可辨，讲授的语言简明平易。之所以会这样，主要是因为这些讲授的内容对学生来说一听便明白，并不难以理解。教师平铺直叙时，简明扼要以避免啰嗦，态度从容以避免急躁，语气平和以避免生硬，语速平稳以避免夸张，语音洪亮以避免模糊，便成为基本要求。

（3）直观辅助法。它是一种形象生动的方法。在会计教学课堂上，教师一边讲授一边调动表情与手势来描绘与模拟，或者一边讲授一边在黑板上勾画图示，有时也一边讲授一边出示投影片、原始凭证或教学挂图让学生看，这都是在采用直观辅助法。它的特点在于，依靠直观辅助的手段来补充口头讲授的不足，形象展示口头讲授的内容，吸引学生的注意力。这种方法的优势在于，通过直观展示而达到形象生动、引人入胜的境界，并有助于节省教师的讲授时间，实现精讲，还有助于教学效率的提高，有助于学生的理解与接受。会计教学中，几乎所有内容的教学都可以采用这种讲授方法。当然，在阐释会计原理与演练会计实务时，它的运用价值更为突出。

（4）举例说明法。它是一种演绎论证的方法。讲授抽象的会计概念与原理时，或者讲授会计实务与会计应用时，先从一般的原理与方法讲起，再拿具体的事例来说明，是一种由深入浅的讲授方法，也是一种由抽象到具体的讲授方法。它的功能在于，通过举例，靠生动形象的实例来佐证与阐释一般的原理与规律，有助于学生迅速地理解与掌握，也有助于学生学习与模仿。会计教学中，经济业务对会计恒等式的影响问题、合并报表的编制问题、审计准则与审计依据的关系问题等，学生都难以理解与运用，一旦举出实例，加以说明，学生便可豁然开朗。所以，对于会计教师而言，举例说明法不失为有效的一种讲授方式。

（5）比喻说明法。它是一种形象生动的方法。再抽象的原理，通过打恰当的比喻，都可以让学生获得迅速的理解。大学课堂上，打比喻的讲授方法具有广泛使用空间。会计教学中，可打的比喻也不少。比如，一个小家庭，要维持日常生活，要搞家庭基本建设，要储蓄，要投资，要兼职创收，要借贷，如何运作才更好，夫妻俩进行规划与预算，这便是财务管理；把每一笔收入与支出登记在册，定期统计出来，这便是会计；回过头来逐笔分析，看哪些钱该花不该花，哪些收入可调节，这便是审计。我们教学时，便可用这个比喻来讲清楚财务、会计与审计三者之间的关系。小到家庭大至企业，甚至国家，都可用这种比喻。其实，只要比喻贴切，它的效果远远胜过千言万语的讲授。所以，比喻说明法也是一种事半功倍的讲授方法。

（6）幽默激趣法。它是一种富于魅力的方法。现代人都追求幽默风趣，大学生尤其喜欢幽默风趣的讲授方法。幽默是智慧的体现，也是信心的体现。会计教师如果能在教学中运用幽默激趣的方法来讲授，便不仅能显示自己开朗自信的个性，也能展示自己从容机智的智慧，还能让学生在会心的笑声中受到启发。如果一堂课能让学生情不自禁地发出几次笑声，这样的课堂便充满了生机，而这样的教师也会受到学生广泛的欢迎。当然，幽默风趣是一种个人风格，也是一种讲授技巧。会计教师尽管不必刻意为之，但是也可适当地加以考虑与运用。其实，会计教学中一切内容的教学都可以采用幽默激趣的方法来讲授。需要指出的是，它只能作为教学的一种点缀，而不能整堂课都采用。

讲授法不是注入式的代名词，讲授不得法容易变成注入式，但是讲授得法则是可以富于启发性的。不过，在各种基本的教学方法中，讲授法容易成为通向注入式的桥梁，所以应特别注意在运用讲授法时避免注入式；同时，因为讲授法至今仍是最基本、最重要的教学方法，所以在运用讲授法时注重启发式又具有积极的普遍的意义。

2. 讨论法

讨论法也称为问答法。会计教学中，许多内容都具有讨论的价值，需要会计教师引起重视。比如，就财务运作来说，是会计利润更重要，还是现金流量更重要；就企业融资方式来说，是发行股票好，还是发行债券好；就固定资产来说，是租赁好，还是购买好；就审计主体来说，是政府审计好，还是民间审计好；就审计时间来说，是事前审计好，还是事后审计好；就审核方式来说，是顺查法好，还是逆查法好；就固定资产折旧率来说，是高一点好，还是低一点好；就企业投资来说，是短期投资好，还是长期投资好；就提高企业职工待遇来说，是涨工资好，还是发奖金好；等等。这些问题在具体章节的教学过程中，教师都可以拿出来让学生讨论。当然，能够用来组织讨论的问题应该具有讨论的价值，能够便于学生打开思路，站在不同的角度思考。问题没有讨论价值，学生难以发表不同见解，讨论的气氛出不来，也就毫无意义。所以，会计教师不能为了讨论而组织讨论，而必须在需要讨论的时候，或者在具有讨论价值的问题上进行组织。

教师运用讨论法教学的关键在于做好提问的工作。这里所说的提问既包括提出讨论问题时所进行的提问，也包括引导学生思考时所进行的提问，还包括对学生的答问进行评点时所进行的提问。提问的功夫到了家，会计教师的讨论教学法便能运用得相当有效。这里，我们将提问的方法概括为五种，做以简要的介绍：

（1）直问法。直问法即直接提问法。它的特点是想问什么便问什么，不绕弯子。比如，股份公司向股东分配股利，有派发现金股利与派发股票股利两种方式，如果想让学生考虑哪种方式更利于公司发展，或者更受股东欢迎，直接提问的方法便是问：股份公司的股东分配股利，站在公司的立场上，是派发现金股利好，还是派发股票股利好？或者问：股份公司向股东分配利润，派发现金股利与派发股票股利两种方式，哪种方式更受股东欢迎？这样的提问方法直来直去、清晰可辨，有利于学生理解所提问题的含义，而且措辞简明扼要，不至于打乱学生的思路。

（2）曲问法。曲问法即曲折提问法。它的特点是想问什么不直接问什么，而是绕一个弯子提问题。比如，上面的例子，如果用曲问法提问，具体的问法如下：如果你是股份公司的总经理，你是愿意给股东派发现金股利，还是派发股票股利？或者如果你是股东，你是希望得到现金股利，还是希望得到股票股利？这样的提问方法表面上问“此”而实际上问“彼”，借助通俗的“此”而问抽象的“彼”，能够把抽象的问题通俗化，有利于由战入深，打开学生的思路，同时学生在回答“此”问题时，实际也回答了想要学生回答的“彼”问题，显得较为巧妙。

（3）趣问法。趣问法即趣味提问法。它的特点是用幽默风趣的提问内容来掩饰客观抽象的问题实质，也属于想问什么而不问什么，故意绕弯子来问题。比如，上面的例子，如果用趣问法提问，具体的问法如下：如果你是股份公司的董事长，你想给股东派发股票股利，而你的副职却想给股东派发现金股利，你打算怎么说服他（她）？或者问：如果你是股份公司的股东，去领红利时，一个信封里装的是送股凭证，一个信封里装的是派股钞票，你会领走哪一个信封？这样的提问方法将一个客观抽象的问题掩藏在所提问题的后面，显得很生动，很有趣，能极大地激发学生的讨论兴趣，并且由于它提供了一个假想的情境，学生思考和回答问题时更具有了明确的针对性，有利于在笑声中揭示问题的本质，也是一种巧妙的问法。

（4）反问法。这是一种在学生讨论的过程中所进行的提问方法。课堂讨论时，某一学生持自己的观点做了明确的回答，而教师为了启发他的辩证思维，故意用反问的方法提问，以此来开启学生的思路，促使他继续思考与回答。比如，上面的讨论题，在讨论时，某学生明确支持给股东派发股票股利的主张，却反对派发现金股利的主张，会计教师此时插话，如果用反问的方法提问，即给股东送股要分摊股份，将来这些送股又要参与分红，不是更加重了公司的负担吗？或者问：作为股东，得到送股却难以变现，而你又要买房子，拿到现金不是更能派上用场吗？这样的提问方法既能启发学生向纵深层次思考，又能引导学生联系各个因素来衡量，并且以反问代替评点，以反问推进讨论，具有明显的优势。

（5）追问法。这也是在学生讨论的过程中进行提问的方法。学生答问时，有时只答出了一个方面或者一个层次的内容要点，却对其他方面或者其他层次内容要点不予理睬，有时又答非所问，或者答而不对，这时会计教师便可采用追问的方法，继续向他发问。通过追问来促使他回答其他方面与层面的内容要点，来帮助他认清所提问题的真实含义，以让他回答完整，回答准确，甚至把问题引向纵深。比如，上面的例子中，如果学生答问时，有人认为派发股票股利与派发现金股利各有利弊，但就是不表明到底支持何种方式的主张，此时教师可以用追问的方法提问：既然两种方式各有利弊，那么你到底是支持派发现金股利还是支持派发股票股利呢？或者问：如果你是一个股东，从税负的角度看，你是愿意公司派发股票股利还是派发现金股利？从股权稀释的角度看，你是愿意公司采用哪种方式呢？这样的问法有利于学生提高决策能力，并有利于推进学生的深入、仔细、全面的思考，而且具有挑战性，能吸引全体同学的注意力，并引发更热烈的讨论。

讨论法的采用既需要技术，也需要技巧。可见，会计教师组织讨论并不是简单地提出问题让学生去说便是了。我们认为，教学本应是师生之间的双边活动，讨论法的使用使这种双边性体现得最充分，同时它的使用使教学远离了注入式而充分体现了启发式，教师的主导作用与学生的主体作用也能从中得到最大限度的发挥。

3. 练习法

练习法是指学生在教师的指导下，依靠自觉的控制和校正，反复地完成一定动作或活动方式，借以形成技能、技巧或行为习惯的教学方法。从生理机制上说，通过练习使学生在神经系统中形成一定的动力定型，以便顺利地、成功地完成某种活动。练习法对巩固知识，引导学生把知识应用于实际，发展学生的能力以及形成学生的道德品质等方面具有重要的作用。

对于大学生而言，会计教学中的课堂练习立足于让他们“弄懂”教材内容，而课外练习则立足于让他们“驾驭”教材内容，并“会”进行技能操作。这样看来，课堂练习与课外作业都不可偏废。它们之间构成一种相辅相成的互补关系。

4. 实习法

实习法又称实习作业法。学生在教师的组织和指导下，从事一定的实际工作，借以掌握一定的技能和有关的直接知识，验证间接知识，或综合运用知识于实践的教学方法。通常实习是以理论知识为基础，并在理论的指导下进行的。运用实习法，一般要求：实习开始，教师提出明确的目的和要求，并根据实习的场所和工作情况做好组织工作；实习进行中对学生进行具体的指导；实习结束时对实习活动进行评定和小结，事后评阅实习作业报告。①

会计专业课程的教学尽管需要向大学生传授相关知识，但最主要的以及最终的目标是让大学生获得相关技能，具备解决会计、财务与审计工作中具体问题的能力。要实现这个目的，加强实践教学环节，运用实习法教学，让学生在实践中学习会计类工作的各项技能，便成为现实需要。为了配合这样的教学目的的实现，不少高校的会计系都建立起了专门的会计模拟实验室。这样，我们的会计教学便既可以在普通教室里进行，也可以在会计模拟实验室里进行。

在会计专业课程教学的课堂上所进行的实习带有课堂练习的色彩。它通常针对会计、财务与审计工作的某一环节而进行，训练点到为止，不涉及其他环节。比如，编制会计凭证时的借与贷问题，初学者难以分清，教师尽管讲得很清楚仔细，也举了不少实例，甚至于让学生做了一些课堂练习，但有的学生仍然搞不太清，即便搞清楚了的学生底气也不太足，似乎没有把握各种不同业务的会计凭证的编制。在这种情况下，会计教师便可以采用实习法，向学生提供一些原始的材料，并向学生分发一些仿真的凭证，让学生以会计人员的身份来操作，编制一些仿真的会计凭证。这样做有利于向学生提供一个真实的会计环境，并有利于培养学生的角色意识，使他们增强责任感，同时能让学生留下牢固的记忆。在审计课的教学中，教师也可以让学生分别扮演会计员和审计员，让扮演会计员的学生按照正确与不正确的方法分别处理不同账务，故意为难扮演审计员的学生，并要求扮演审计员的学生对正确与不正确的账务进行审核，找出不正确的地方，并分析错误发生的原因。这样的实习法具有挑战性，也具有趣味性，能够在竞赛的心态下培养学生的实战能力。类似的做法也可以在财务管理的教学中采用。

当然，不管在会计专业课程的哪一具体课程的教学中，采用实习法组织教学，都必须给学生创设一个真实的环境。这个真实指的是素材的真实、数字的真实与凭证的真实，也包括要求的真实、程序的真实与结果的真实。有了这个真实的环境，学生便能迅速进入角色，引起足够的重视，并能慎重地加以操作，效果也显著得多。

① 周友梅，阚京华．当代会计教育研究［M］．北京：人民邮电出版社，2014：48.

第五节 我国会计教学现状

一、会计教育教学的环境

经济全球化使经济活动超越国界，把整个世界作为一个整体来进行运作。跨国企业大量进入中国进行本土化经营，将大大增加对熟悉国际规则的管理人才的需求。因此，经济全球化必然要求会计核算和监督的国际化，进而要求对会计教育内容进行调整。

同时，以计算机、通信和网络技术为核心的现代信息技术发展使整个社会经济的运行方式发生了根本性的变化。基于现代信息技术的会计信息系统使会计信息作为管理资源，可以通过自动化的获取、加工、传输、应用等处理，为企业提供充足、实时、全方位的信息。[①] 信息技术发展要求传统的会计工作与智能化的信息管理系统相融合，在业务核算、账务处理等方面发挥作用，这种变化必然要求信息技术及其应用成为会计教育的重要内容。

二、我国会计教育存在的问题

（一）会计教育目标定位较为模糊

一种普遍的教育现象是会计专业的学生毕业后找不到合适的工作，主要原因在于会计专业的培养目标定位不明确。会计教育界关于本科会计教育的培养目标存在以下三方面的争议：一是大学应该培养应用型人才还是研究性人才；二是高等教育应该实行精英教育还是大众教育；三是教师应向学生传授知识还是培养技能。如果这些问题都无法解决，就会造成培养目标模糊，无法保证后续环节的顺利进行。

（二）教学方式单一

目前，我国会计教育所采用的教学手段比较简单，仍是以教师在教堂上教授、学生听讲和记笔记的传统授课方式为主。教师在授课的过程中习惯性地把课程的重点和难点主动总结归纳给学生，学生的参与度很少，因此学生在学习过程中总是被动的，学习效率低下，缺乏独立思考和归纳拓展的能力，尤其是影响了学生的会计专业能力

---

① 徐秀燕．“互联网 +”对会计教学模式的影响辨析 [J]. 中国培训，2016（12）：145.

的培养。虽然多媒体教学已经比较普及，案例教学也有应用，但是互动式、小组性的教学手段尚未完全发挥作用，忽视了会计学生辩证性思维和创新能力的应用。“互联网 +”的教学模式在会计类课程的教学中的应用还处于初级阶段，应用效果还没有完全有效地体现出来。单一的教学模式和手段显然不能与目前的教育环境相适应，不能完成培养目标。

（三）师资力量薄弱

教师是教育的灵魂，会计教育创新的基础是教师素质的提高。在信息技术快速发展的今天，教育信息化是对教师综合教学能力的一大考验，对信息技术的掌握与应用已逐渐成为现代教师的必修技能。然而非计算机专业的会计教师其计算机技术水平的有限成为了教育信息化发展的一大瓶颈，也是现代会计教师队伍力量薄弱的主要体现。除此之外，政策、法规、准则、制度的频繁更新，经济管理理念的不断创新，新业务的层出不穷，都对会计教师对知识的更新与研究提出了更高的要求。

（四）考试评价机制不健全

我国目前在考核学生时，大部分是以学校为主导，但学校对成绩的考察仅限于必修的分数，忽略了实践技能的培养。学生对课程的掌握仅凭期末考试来定夺的培养方式造成了高分低能，使会计专业的学生无法满足用人单位的需求。

三、我国会计教育的对策分析

（一）明确会计教育目标

在经营权与所有权两权分离的情况下，现代会计是由财务会计和管理会计组成的，财务会计解决委托代理的问题，管理会计师控制企业经营活动。随着知识经济时代的到来，会计人员需要具备较强的成本控制、资本预算、战略投资、跨国投资等综合能力。同时，基于现代信息技术的会计信息系统，会计人员的主要职能从传统的核算和监督转移到预测和控制。

因此，我国会计教育的目标应以培养学生综合能力为主，提高学生专业素养，使学生的能力得到全方位的发展。通过会计专业的学习，学生在毕业之后可选择成为管理人才、财务经理、财务会计师、管理会计师、公共会计师以及经理人，可进入各类大型企业、咨询公司、跨国公司、金融机构、私人企业或政府部门工作。

（二）推动教学方式改革

国外大学一些先进的教学方式值得我们分析借鉴，可以更好地促进我国教学方式的改革，加强会计教育的先进性和重要性。

一是广泛运用现代信息技术，开展信息化教学。各高校应该积极建设信息化教学资源，应用信息化教学平台，进行课前、课中、课后的全方位辅助教学。信息技术的应用可以使教学时间与空间得到很大程度的延伸，线上线下的多层次互动、系统的大数据智能分析与评价考核使教师的教、学生的学都更有方向性和针对性，能极大提高教学效率。

二是建立校内外实训基地，为学生创造实训条件。会计是一门应用型学科，在注重理论知识的前提下应尽量加大实践性课时的比重，增强学生的实际动手能力，加深学生对专业理论的理解与掌握，提高会计教学质量。除了工业企业外，还可加入商业企业、外贸企业、房地产等多种经济类型的企业，有助于学生毕业后能适应各行业、各层次的社会需求。

（三）加强师资队伍建设

会计教育质量的提高关键在于培养高素质的教师团队。

各院校应针对教师团队信息化技术水平不高的现状，进行有针对性的专业培训，同时应该将基于新技术所能实现的新型教学方式与教学理念列入培训内容，从而全面提升会计专业课程教师信息技术的应用水平。

首先，要提高教师的理论水平，改善教师队伍参差不齐的情况。专业的会计教师应该熟悉管理学、经济学、金融和税收等知识体系，引导学生全方位的理解和思考。其次，加强教学的培训，提高教学效果。有些教授知识丰富，却不知道如何把知识传授给学生，如何引导学生，有些甚至没有学过教育心理学、教学法等方面的知识。再次，学校应该采用更科学的方法来考核教师的工作业绩，加入激励机制，奖励那些在教学工作中做出突出贡献的教师。

（四）完善学生评价制度

在对学生的评价方法方面，我国应将学校主导型转变为市场需求为导向，主要有以下建议：一是增加考试方式多样性。例如，可以将笔试、口试、实操相结合，综合考核学生的理论、表达、实践能力。二是减少期末考试的比重。改变现行的期末考试的重要性，增加平时的考核，如课堂的自由讨论、案例分析、小组作业等方式。三是奖励具有创新和突破的学生。对于一些在行业内有特殊贡献的学生，给予一定的激励措施，鼓励学生的全面发展。

（五）强调终身教育

在知识经济和信息技术不断发展的时代，一个人的专业知识和工作技能必须时时更新。在会计职业界，会计准则和实务操作都在不断更新，如我国的《企业会计准则》《政府会计准则》在近来年来都陆续进行了多项具体准则的修订。因此，会计教育应该是个系统工程，不仅要求学生在校学习，还要培养他们独立的自学能力，加强会计人员的继续教育。

在全球化和信息时代的大背景下，我国的会计教育面临着机遇和挑战，针对我国会计教育存在的问题，我们应明确教育目标、推动教学方式改革、加强师资队伍建设、完善学生评价系统、强调终身教育，培养出适合市场需求和时代发展的会计人才。

第二章　互联网引领会计教学改革新趋势

第一节　互联网时代的内涵与特点

一、互联网时代的含义

所谓时代，是指人类社会发展过程中的不同的历史阶段。虽然互联网时代的称谓已经家喻户晓，但是迄今为止关于“互联网时代”并没有一个权威性的定义。美国加州大学有“互联网之父”之称的曼纽尔·卡斯特尔教授曾经谈到“网络的形式将成为贯穿一切事物的形式，正如工业组织的形式是工业社会内贯穿一切的形式一样。网络形式是一种社会形式，而非单单的技术形式，没有网络科技即无从存在。这就是我所说的网络社会”。①

从技术角度而言，互联网时代技术、软件推陈出新使人们从中获得更多的信息、数据，让人类审视这个世界的能力不断提升。美国奥莱利传媒首席执行官蒂姆·奥莱利认为，在互联网时代人们可以即时传播、即时复制并可即时提取额外的意义方式，来进行我们的脑力活动，我们因而能以前所未有的方式，将计算机用于大众脑力活动。人类社会经历了好几次技术革命，而互联网时代到来宣告了一场新的科技革命。这场以信息技术为核心的新科技革命对人类带来的影响完全可以与火的发现、电的发明相比。互联网时代的主要元素就是信息，通过计算机和互联网，信息技术的发展不断加快，人们了解信息、传递信息的渠道增多、速度变快，信息的及时性、有效性和双向互动性也变得更强。技术的进步为人类社会政治、经济、文化等各个方面都带来新的、深刻的变化。互联网不仅推动了物质生产的巨大发展，对于精神产品生产、文化生产及民众消费等也起到了巨大的推动作用，并催生了许多新的文化业态。技术的

① 徐秀燕．“互联网 +”对会计教学模式的影响辨析 [J]. 中国培训，2016（12）： 145.

变革往往领先于社会的变革。目前，互联网的技术已经成为人类发展的基础系统，互联网也已经成为人类社会的基础设施。

从社会角度而言，人们通过互联网突破了熟悉的身边的公共空间，进入更为广泛的另一重空间，从而导致人与人之间关系的量或者结构随之发生改变。具体体现在以下方面：一是人的个体存在方式发生变化。在互联网这个空间中每个人拥有自己的账号、IP，可以根据个人需要或喜好“现身”或“隐身”，可以在网络上拥有一个新的公共或私人的生活领域，人们的生活方式出现了崭新的形式。二是交往方式和人际关系发生改变。网络社群成为新的社会群体，人与人之间的关系更为多样化。虽然网络交往有可能淡化现实社会的人际交往，但是网络交往也扩展了人们的交往范围和空间。人们的交往可以跨越单位、地区和国界，这就使人们的视野和思维变得空前开阔，情感也变得更为丰富多彩。三是互联网改变了人与社会的关系。网民成为人们在社会上生存、发展的新身份。因为互联网的存在，他们具有更大的自由表达权。

从经济角度而言，自互联网踏进服务公众的现代市场之日起，它积聚财富、推动经济的能量日益显现。诺贝尔经济学奖得主罗伯特·席勒认为，“互联网肯定是一个革命，它的重要性至少等同于工业革命，或者更为重要”。[①] 信息网络化与经济全球化相互交织，推动着全球产业分工深化和经济结构调整，重塑着全球经济竞争格局。互联网经济已经成为重要的经济形态，不但电子商务和IT产业获得了巨大发展，而且网络技术对改造传统产业、生成新的产业形态也具有积极作用。目前，无论在经济发达国家还是发展中国家，通过网络延伸的产品已经在各行业中占据了重要地位，成为一些国家调整社会产业结构、推动经济发展的主要力量。互联网所代表的现代信息技术革命带来了交换和市场体系的又一次革命。网络经济就是这种革命的结果。互联网为交易的频率和速度大大提升、社会财富的迅速聚集、提高经济创造力的社会全员参与提供了最大可能。与此同时，信息技术的发展也将会推动与信息相关产业的进步与发展，如生物技术和电子技术等。Facebook创始人马克·扎克伯格曾明确指出，“互联网革命最终将成为技术经济的一部分。”

从政治角度而言，互联网的互联互通和自由互动极大地改变了人们参与社会事务的途径和方式，网络民主政治成为人类社会民主政治的重要表现形式。互联网信息的即时互动性、民众直接参与性给予了民众更多的话语权，丰富和补充了现实社会中间接式民主所具有的不足，互联网对各国政党活动的形式、内容、社会动员方式，社

① 张妙凌.互联网时代会计职业教育方向探讨[J].金融经济，2018（16）：216-217.

会影响力乃至监督体系也都产生了极大的影响。各国的电子政务在促进政务公开、提高行政效率、改善政府效能、扩大民主参与等方面的作用日益显现。伴随这样一个进程，“网络民主”不仅将对现实民主政治产生重大影响，还有可能会朝着现实民主形式方向开始实质性突破。各级决策者与社会公众能够建立起多维的联系渠道，减少信息衰减，迅速、直接、真实地掌握、了解国家范围内的政治、经济、社会真实情况，大大增强行政过程的透明性、互动性，从而增加行政过程的民主化、科学化程度。可以说，互联网已逐渐地将知情权、参与权、表达权、监督权交到了人们的手中，每个人都因互联网的存在而可以以更有力的方式参与到世界性的事物中去。

从文化角度而言，互联网将人类的文化传播带进了一个崭新的时代。在这个时代中，网络文化成为现代文化中崭新的文化形态。互联网加剧了各种思想文化的相互碰撞，成为信息传播和知识扩散的新载体，催生了网络文化这一新的文化形态。网络文化的独特性、丰富性、便捷性、广域性、交互性、多媒体性是其他任何文化形式都难以比拟的。互联网已经成为重要的文化生产、消费、服务和交流场所。互联网改变了传统文化、信息的传播模式，为各国政府发展公益性文化事业、提供公共文化服务创造了新的空间，同时为世界文化的交融、交流提供了更多的便利。有人形象地说“互联网把知识的获得从书架拉到了鼠标。”著名的《大不列颠百科全书》也早已在 20 世纪 90 年代末全部数字化上网，供人们免费下载、查询、使用。

从信息传播的角度而言，互联网对传统的信息采集、信息加工和信息分析及信息公布的方式形成很强的冲击。互联网参与信息的采集、取得、发布全过程，而且将信息传播模式由过去的“先发生，后传播”发展为“边发生，边传播”。美国著名的因特网杂志“WIRED”无不感慨地将这个信息时代指称为“互联网时代”。互联网时代，人们在电子计算机和现代通信技术相互结合的基础上，构建了高速、综合、广域型数字化电信网络，它超越一定的时空限制，将客观世界、社会世界和主观世界有机地结合起来，弥合了现实和虚拟的界限，并以直接嵌入的方式深入政治、经济、社会、文化、技术等各个领域，改变了人们的生产、生活、生存方式。更为重要的是，在互联网时代，信息也已成为各国重要的执政资源。信息的海量、开放、多元及网络化互动传播，信息消费的平民化、大众化，打破了信息垄断，改变了信息单向传播和单一话语权的局面，给各国执政党借助网络开发和利用信息资源来改进执政方式、提高执政效率提供了难得机遇。当然，在数据化的河流汇集成浩瀚海洋的新时代，更多的数据、信息、技术如果不能被人类有效地掌握和驾驭，那么互联网时代也许就会如狄更斯在《双城记》中曾写到的那样，“这是最好的时代，这是最坏的时代。”

二、互联网时代的内涵

（一）互联网渠道

互联网创造了一个新的营销及供应的渠道，有了这个渠道，理论上任何行业的任何商品都可以在网上实现交易。渠道是互联网交易的重要组成部分，无论是 B2B 还是 B2C。

一个完整的互联网渠道模式应该具有以下五大功能。

一是订货功能。互联网为消费者提供相关的产品信息，同时将消费者的需求提供给厂商，厂商针对消费者的需求提供相应的产品。消费者看中一件产品，在充分了解产品的信息之后，会将其加入购物车中，厂商负责提供该产品。

二是结算功能。消费者在将产品加入购物车中，确认购买信息后，需要对产品进行支付。这时就需要厂家或卖家有多种有保证的支付方式，如网银、货到付款等方式。

三是配货功能。网上购物，除了无形产品，如音乐、电子书、软件等在付过款后可以立马到我们的手中之外，还有有形的商品，如生活用品、书、衣物等，这需要厂商有专门的配货机构为消费者配货。

四是互动功能。消费者可以随时在网上选购产品，然后与厂商进行沟通，并可以查看其他消费者的点评信息，以做出购物决策的参考。

五是评价功能。用户在体验过企业的产品或服务之后，可以对其进行评分。良好的口碑传播可以促进用户对企业产品和服务的消费。

（二）互联网平台

互联网逐步发展到现在，互联网服务变得更为重要。市场中肯定有大宗商品和小众商品，力量雄厚的互联网公司懒得从事小众商品的互联网升级，但是这个市场并不小，其中包括的千千万万的卖家，这些卖家也需要适应互联网时代的节奏，他们需要一个平台，于是为众多小商品卖家服务的平台提供商出现了。

例如，国美商城、京东商城等电子商务平台也是利用互联网的方法，做成了一个线上、线下相结合的 B2C 平台。在这个互联网时代，平台的力量是惊人的。比如，国内的搜索引擎百度、国外的搜索引擎谷歌，其实就是一个知识平台的概念。百度这个互联网平台融合了许多知识和智慧，用户只需要搜索就能了解到全世界各个区域、各个方面的事情，它属于一个知识的平台。马云的淘宝网也是采用平台模式，就是让许多商家都把产品放到网站上去卖，需要产品的人在浏览网站的时候，看到需要的产品就能够达成交易，这是一个买卖平台。它们的本质都是为买卖双方提供可靠的技术支持和优质的服务，接着依靠独特运营模式获得利润。

互联网与传统行业结合之路，实力强大的公司可以考虑直接建立，实力不足或者不看好的可以先有一个布局，参与进自己行业相关平台中，而不至于被行业完全抛弃，甚至有可能依托平台发展而实现企业的发展转型。互联网公司提供技术和平台服务，传统企业依托平台得到发展，这样的模式可能是许多企业适应互联网时代的选择之一。有足够实力的公司也能够选择两者并驾齐驱，在打造自有互联网生态的同时，不丢弃对强大平台的重视。这是一种合理规避风险的手段。

（三）物联网

物联网也可以称作“万物互联”。虽然智能硬件现在层出不穷，物联网也有了长足进步，但“万物互联”的要求还远远没有达到，其中还有巨大的潜力可以挖掘。这是未来的互联网形态。当前，物联网设备已经具有了感应器和控制器的功能，设置还有智能计算处理的配置。物联网通过大数据、云计算等新兴技术将海量传感器所收集的信息加以整理和分析，提取出具有实际价值的数据，从而为行业发展带来可靠信息支持，也有助于发现新的市场营销策略或者服务模式等。

三、互联网时代的特点

时代的特点是指与特定时代相适应的国际政治经济关系的基本状态以及由世界的基本矛盾所决定和反映的基本特点。由于划分的依据不同，人们对时代以及时代特点的认识也有所区别。美国学者卡斯特在《网络社会的崛起》中认为，网络社会“适应性、开放性、全面性、复杂性与网络化是它的明确特性”。[①] 我们从网络发展的现实状况和未来趋势看，认为与传统社会相比，互联网时代呈现出一些新特点。

（一）数字化

数字信号是一个技术特征，运用数字信号大大提升了计算机的存储、传导能力。互联网开启了数字化的时代，令很多过去的天方夜谭式的创意变成现实。互联网最原始的信息传递功能已逐渐被数字化取代，并以网络为媒介维系人与人、人与群体、人与社会的关系，而且这种作用会变得越来越重要。《数字化生存》的作者尼古拉斯·尼葛洛庞帝是这样描述互联网给这个世界带来的变化的：“一个巨大的变化就是它已经是一个联系的世界。这种联系不仅是每一件事都与每一件其他事联系起来，也是移动的

① 申仁柏．互联网＋对现代会计教学改革的影响研究 [M]. 长春：吉林大学出版社，2019：19.

联系，而不是静止联系，不是游离的行为。因此，这种联系才是巨大的变化。”①

（二）信息化

信息化是当今世界经济和社会发展的大趋势，信息化程度标志着一个国家现代化水平和综合国力的高低。在互联网时代，信息已经变成一个重要的社会资源，是个人乃至国家、社会发展所依赖的综合性要素、无形资产和社会财富，可以说，对信息和信息技术的掌控能力已成为政党能力、国家实力的重要组成部分。互联网因其信息传递的形式和结构的改变，让过去的信息不对称程度降低，连接节点的可替代性得到提高，甚至有人简单地表述为“互联网时代是通过网络把各方面信息连接起来的崭新时代”。

（三）全球化

全球化是一种人类社会发展的现象过程。目前，全球化有诸多定义，通常意义上的全球化是指全球联系不断增强，人类生活在全球规模的基础上发展及全球意识的崛起，国与国之间在政治、经济贸易上互相依存。从根本上说，全球化是以社会生产力发展为动力的，是人类社会逐步超越各种障碍和制约因素，在各种领域加强互动、交流，逐步取得共识，遵守公共原则，采取共同行动的趋势过程和价值选择。互联网作为全球化的技术载体，以全球为疆域，使人们能够在全球互联网中联系任何一台想联系的计算机，一起工作、交流、合作，把世界变成真正意义的“地球村”。正如托马斯·弗里德曼所说：“互联网形成了一个平台，使现在个人能够以个人的形式采取全球行动。”以互联网为代表的信息高速公路正创造着一个新的全球性社会结构。

（四）多元性

互联网的信息化、全球化已打破原有的社会结构、经济结构、关系结构、地缘结构、文化结构，继而影响权力、规则、关系的转变。同时，互联网这一大平台使各个国家、各个民族、各种信仰、各种社会群体交织在一起，东方与西方、传统与现代、理想与现实，互联网几乎打破了所有的固有边界，让人们能够更为自主地选择、参与、发展、冲突、交流进而尊重、容纳。许多学者认为多元化是互联网社会的最重要特征之一，也是科学、社会、经济等发展的关键性推动力量。

（五）开放性

互联网是开放的，任何人、任何时间、任何地点都可以进入这个开放空间，享有更多的自由与资源。尤其是进入万物互联的 5G 时代之后，人们拥有的不仅是更高速

---

① 申仁柏．互联网＋对现代会计教学改革的影响研究 [M]．长春：吉林大学出版社，2019：19.

率、更大带宽、更强能力的技术，还是一个多业务多技术融合的网络，更是面向业务应用和用户体验的智能网络，最终打造以用户为中心的信息生态系统。传播一改过去的方式而呈现放射状、全开放的状态，信息的广度、速度、深度、自由度都发生了质的革命。互联网的开放性进一步拓展了普通人获取信息的通道，为人们的沟通、信息的交流、思想的碰撞提供了更多的便利。当然，鱼龙混杂、泥沙俱下也成为互联网开放性的附属物，为管理者带来了新的挑战。

（六）交互性

随着互联网的出现，人与人之间的关系发生了新的变化，在广阔的世界里，与更多各式各样的人相连，彼此沟通、交流、影响，进而改变想法或影响行为。大众化的交流让任何相互联系的群体或个人与在任何地方的任何其他人群交流，成为有史以来最社会化的媒介，也第一次使距离和成本无关。人们在分享、互动中重塑自我，重新获得认同，同时被重塑的还有新生代的精神世界和情感世界。

（七）去中心化

当人们键入网址 http 之后的 www 或许有许多人并不知道它的含义，它是万维网发明人、互联网之父蒂姆・伯纳斯・李命名的“World Wide Web”的缩写。放弃专利申请的他对整个世界说“献给每一个人”。 它的诞生使计算机、网络不再是研究工作者的专宠，普通人也可以共享共用。在这样的世界里，互联网穿透了社会的重重岩层，使所有人、各层级彼此面对。过去处于话语权中心地位的组织因互联网而被解构，社会结构开始由过去的中心化向扁平化转型。

（八）创造性

克里斯・安德森认为互联网是“将最有力的工具置于普通人手中。它解放了人类的创造力，让人们的想法走向全球的受众，这是以前任何科技都无法做到的”。互联网为人们提供了各种各样的平台，其中经济平台被专业人士认为是未来十年经济发展的主旋律。百度、阿里巴巴、腾讯、京东等已成为互联网时代国人耳熟能详的创业新秀。可以预言，信息技术、数据经济将会极大地激发人类的创造性。

（九）娱乐化

互联网的娱乐化功能不可小觑，网上追剧、追星、看小说、打游戏、刷淘宝、看街拍、发“鸡汤”已经成为许多人的时间填充剂。媒体社会学家尼尔・波兹曼在《娱乐至死》中说：“人们感到痛苦的不是他们用笑声代替了思考，而是他们不知道自己为什么笑以及为什么不再思考。”或许我们真的需要培养一种能力，就是将娱乐或游戏变为生活的“调味品”，而不是生活本身，用这一“快乐引擎”助力自身的成长。

互联网社会的这些特性使其与现实社会有着千丝万缕的联系。正如尼葛洛庞帝在《数字化生存》一书中指出的："网络的真正价值正在越来越和信息无关，而和社区相关。"互联网是一股势不可当的变革力量，它已经改变了每个人的生活，而且即将继续为这个世界带来更多的变化。

第二节　互联网发展概况与趋势

一、互联网发展概况

（一）互联网普及率超过六成，移动互联网使用持续深化

截至 2019 年 6 月，我国网民规模达 8.54 亿，较 2018 年底增长 2 598 万，互联网普及率达 61.2%，较 2018 年底提升 1.6 个百分点；我国手机网民规模达 8.47 亿，较2018年底增长2 984万，网民使用手机上网的比例达99.1%，较2018年底提升0.5个百分点。与五年前相比，移动宽带平均下载速率提升约 6 倍，手机上网流量资费水平降幅超 90%。"提速降费"推动移动互联网流量大幅增长，用户月均使用移动流量达 7.2GB，为全球平均水平的 1.2 倍，移动互联网接入流量消费同比增长 107.3%。

（二）下沉市场释放消费动能，跨境电商等领域持续发展

截至 2019 年 6 月，我国网络购物用户规模达 6.39 亿，较 2018 年底增长 2 871 万，占网民整体的 74.8%。网络购物市场保持较快发展，下沉市场、跨境电商、模式创新为网络购物市场提供了新的增长动能：在地域方面，以中小城市及农村地区为代表的下沉市场拓展了网络消费增长空间，电商平台加速渠道下沉；在业态方面，跨境电商零售进口额持续增长，利好政策进一步推动行业发展；在模式方面，直播带货、工厂电商、社区零售等新模式蓬勃发展，成为网络消费增长新亮点。

（三）网络视频运营更加专业，娱乐内容生态逐步构建

截至 2019 年 6 月，我国网络视频用户规模达 7.59 亿，较 2018 年底增长 3 391 万，占网民整体的 88.8%。各大视频平台进一步细分内容品类，并对其进行专业化生产和运营，行业的娱乐内容生态逐渐形成；各平台以电视剧、电影、综艺、动漫等核心产品类型为基础，不断向游戏、电竞、音乐等新兴产品类型拓展，以知识产权（IP）为中心，通过整合平台内外资源实现联动，形成视频内容与音乐、文学、游戏等领域协同的娱乐内容生态。

（四）在线教育应用稳中有进，弥补乡村教育短板

截至 2019 年 6 月，我国在线教育用户规模达 2.32 亿，较 2018 年底增长 3 122 万，占网民整体的 27.2%。随着在线教育的发展，部分乡村地区视频会议室、直播录像室、多媒体教室等硬件设施不断完善，名校名师课堂下乡、家长课堂等形式逐渐普及，为乡村教育发展提供了新的解决方案。通过互联网手段弥补乡村教育短板，为偏远地区青少年通过教育改变命运提供了可能，也为我国各地区教育均衡发展提供了条件。

（五）在线政务普及率近六成，服务水平持续向好

截至 2019 年 6 月，我国在线政务服务用户规模达 5.09 亿，占网民整体的 59.6%。在政务公开方面，2019 年上半年，各级政府着力提升政务公开质量，深化重点领域信息公开；在政务新媒体发展方面，我国 297 个地级行政区政府已开通了“两微一端”等新媒体传播渠道，总体覆盖率达 88.9%；在一体化在线政务服务平台建设方面，各级政府加快办事大厅线上线下融合发展，“一网通办”“一站对外”等逐步实现；在新技术应用方面，各级政府以数据开放为支撑、新技术应用为手段，服务模式不断创新；在县级融媒体发展方面，各级政府坚持移动化、智能化、服务化的建设原则，积极开展县级融媒体中心建设工作，成效初显。

二、互联网发展的未来趋势

未来互联网主要的发展方向仍然是对传统行业进行模式改进和管理模式改变，信息化正是其发展的重要内容。其主旨目的是为了达到产业平衡和资源平衡。其主旨的内涵可分为以下几点：首先，价格不再是左右产业发展的主要因素；其次，买家卖家之间的信息不对称问题已经得到解决；再次，不再仅以技术为推动力促进新的变革。那么，在互联网时代背景下，相关产业前进的方向在哪里呢？

（一）连接与聚合成为互联网时代的主旋律

互联网的本质是连接，其价值也在于连接，从互联网的发展来看，连接是其商业化的主要工具与载体，而通过连接产生的强大聚合能力是其手段与目标。无论是门户、电商还是搜索、社交，无不体现了互联网的连接，而电商、社交及搜索的商业化运用体现了连接背后的聚合能力。

从消费互联网到移动互联网，互联网的连接能力越来越强，时空维度也不断拓展，这种拓展促进了互联网云计算及大数据的应用，开辟了物联网的新领地。

未来的连接仍在继续，连接一切将成为互联网的主旋律。美国最大的社交网

站——脸书、中国的腾讯都将以连接为使命。从商业价值角度分析，连接本身即可产生经济效益，通过连接可拆除传统产业的篱笆与壁垒，促进融合与协作，打破信息不对称。同时，通过连接产生的大数据将成为极为重要的资产。

（二）产业互联网化、金融化成为大趋势

在移动互联网强大的连接能力下，任何产业都能够和互联网产生关联。基于多种终端的产业互联网能够延伸到各个经济领域，甚至微市场。移动互联网全面覆盖了整个经济环境，并为其中的市场提供了发展机遇，在资源均衡、竞争平等的产业互联网时代，提供个性化服务的重度垂直模式将具有商业机会，行业垂直、地城垂直及人群垂直都可以在各自领地获得生存与发展机会。由此可见，产业互联网时代就是一切产业皆互联网的时代。

在产业互联网中，线下需要有完善的物流体系，还需要能够保障交易顺利进行的金融资金方面的支撑。金融服务支持包括网络支付、互联网金融服务等。离开了金融，产业互联网就如同缺少了强大的物流体系支持一样难以发展。因此，一切产业皆金融的时代已经来临。

（三）个性化、定制化需求时代来临

消费互联网已激发了用户的各项消费需求，消费经济已从短缺步入过剩时代，价格战与补贴或免费不断上演。在过剩或过度消费时代，那种生产标准化产品的时代即将终结，在满足了基本的需求之后，人类的需求将逐渐向个性化方向发展。定制化则是个性化的实现手段。定制化本身需要用户参与，以用户体验为中心，为用户提供符合价值需求的产品。从以企业为中心的标准化生产时代到以用户为中心的产业互联网时代，互联网逐渐向尊重人性的方向发展，实现人性的回归，纵观成功的互联网企业与科技公司，无不以洞悉人性为发展理念。在这方面，苹果就是典型的代表，而小米更是将用户参与发挥到了极致。

（四）O2O 将成为服务互联网的主要模式

产业互联网可以对产业链的研发和生产过程进行重塑，这就催生了大量的商机。在交易过程中，产业互联网的交易模式由线下转移到线上以及线上线下一体化，代表模式有 B2B 和 O2O。电子商务平台的兴起削弱了长期困扰市场的信息不对称等问题，降低了买卖双方大量的时间与经济成本。在这个过程中，壁垒较高的行业可以通过建立垂直电子商务平台实现市场的细分。

在互联网或产业互联网时代，无论是服务互联网或原来建立在 PC 之上的消费互联网，还是互联网传统行业，一个不容争议的发展趋势是线上与线下的高度融合。另

外，O2O 也将成为主要的发展趋势。离开了线下实体，离开了传统产业，互联网将会与金融一样出现空壳化、虚报化，犹如空中楼阁和海市蜃楼。因此，从某种程度上说，O2O 将成为新型电商。

（五）智慧工业时代

随着社会的发展，个性化需求越来越多，尤其在互联网技术的支撑下，这种需求将成为现实。实际上，工业 4.0 就是个性化定制。

产业互联网不仅是在继续改造和提升作为第三产业的互联网，还不断向工业领域延伸。互联网硬件的软硬体化将造就新的工业体系，人工智能、智能机器人、无人飞机、无人汽车、车联网、物联网、大数据、云计算、可穿戴设备等智慧业将成为产业互联网的重要领域，互联网已经不再局限于消费领域，对工业化改造的作用也越发凸显。纵观世界，在产业互联网来临之际，中国已经走在了世界前列。在工业化时代落后的中国已经在新经济的浪潮中与欧美等发达的国家站在了同一个起跑线上，而且在互联网经济中占得了先机。

面对产业互联网，在中国还处于消费互联网时代时，传统的工业强国——德国就已经提出了工业 4.0 的行动计划。在互联网战略的指引下，我国的“中国制造 2025”规划将互联网信息化与工业化深度融合，推动“中国制造”走向“中国智造”。这个规划被业内称为“中国工业版 4.0”。

面对产业互联网的浪潮，中国不能错过升级换代的机会。中国传统行业门类齐全，拥有世界上最为齐全的工业体系，为当今世界第一制造大国。在互联网时代，中国已经拥有了雄厚的产业基础，若能够顺应潮流，利用互联网则会产生更加巨大的发展能量。

2015 年之前，中华人民共和国工业和信息化部就提出将支撑 100 家以上规模的工业、企业积极探索智能工厂、智能设备和智能服务的新模式、新业态；支撑 1 000 家工业及生产性服务企业的高带宽专线服务，新增 M2M（智能机器）终端 1 000 万个，促进工业互联网发展，并将在石化、钢铁、有色、建材等领域开展智能工厂、数字矿山、物联网发展试点示范。据 GE 测算，应用工业互联网后，企业的效率会提高大约 20%，成本可以下降 20%，节能减排可以下降 10% 左右。尚未完全完成工业化的中国却拥有强大的产业互联网发展基础与条件，这些都为中国实现跳跃式、超越式发展创造了机会。

第三节　国内外信息技术教学发展史

一、信息技术教学

信息技术特指与计算机、网络和通信相关的技术。信息技术教学不是单纯的技术教学，也不是以信息技术研究和开发为目标的教学。信息技术教学的内涵由信息技术课程和信息技术与其他学科的整合两大部分组成。信息技术教学是素质教育的重要组成部分，旨在培养学生的创新精神和实践能力，促进人的发展。

信息技术教学为学习者提供资源（这里的资源指在学习过程中可被学习者利用的与信息技术有关的一切要素）和环境，具有与其他科学整合的特性，是学习者全面持续发展的可靠保障，是教学走向信息化、产业化、民主化、经济化的支持性技术基础。

二、互联网对教育教学的影响

互联网诞生以来，我们的生活方式和价值观念都被深深地改变着，教育手段的每一次飞跃都与科技的进步密不可分。人类的教育手段伴随着科技的发展而不断改进，反过来，教育手段的改进进一步促进了教育的发展，也就间接地促进了科技的进步和飞跃。教育手段作为教育的一项重要的物质基础，它的每一次发展都为教育的发展提供了一个更为广阔的平台。

当前国内外的研究表明，学习者的学习方式将会随着科技的发展而转变，总的趋势是去寻找最方便于接受知识的方式来获取相对最优质的教育。学习者不会受到传统方式的束缚，一旦知识的传播方式被科技的发展超越，原有的传播方式就会被学习者自动淘汰。在 21 世纪，电子科技、交互式多媒体技术已经得到了跨越式的发展，从家庭到学校，都拥有了针对学习者个人的独立计算机与互联网移动设备。过去学校简单的文字板书式教育已经被个人电脑的绘图、文本、影像等功能超越，其被淘汰是一种大潮流下的固定趋势，任何力量都阻止不了学习者主动去寻求这样的先进方式来接受知识。学校不仅无法违背这样的趋势，还应主动适应这样的趋势。因为在这个过程中，学校的界限将被新的技术所打破，学校不再是固定的大楼或者固定的时间的代名词，虚拟的课堂、灵活的课时，一切都将会以学习的需求和条件来制定，这将真正实现“以人为本”，实现教学效果的最大化。

将互联网技术形容为一场革命是不为过的，因为互联网时代将会实现教育内容和方式的重大革新。这些革新主要包括以下几方面。

首先，文字阅读方式的革新。在互联网时代，虽然文字仍旧是知识的主要载体，但是阅读文字的方式将会大有不同。旧有的纸质印刷书籍将会被取代，电子阅读将会大行其道。网页、文本文档、视频、幻灯片等，这些虚拟的载体会淘汰旧有的纸质载体，多媒体形式、云存储将会取代书包，学生的负担将会最大限度地减轻，真正实现“减负”。

其次，教学的互动方式将会改变。过去的教学强调教学者的主体地位，学生的互动十分有限。在网络时代，教育的内容在被吸收的同时，教师要和学生在媒体上进行互动。这种互动是由网络媒体的传播方式决定的，而不是由教学者决定的。交流的主体方式也会改变，鼠标、触屏直输、语音等多元化的输入方式将会大大方便师生的交流互动。

再次，作为计算机的初始性能，计算的功能优势将会进一步放大。教学的效果和内容都由原来的教案式转变为可量化的标准，教学者可以在网络中通过最新的量化报告了解时代背景下的知识需求，学习者也能通过量化标准对自己的学习质量进行量化分析，并在网络中和他人交流，寻找差距。

网络教育带来的大变革体现在由无个性的教育转向强调个性化的教育。传统的授课方式中教育者是少数，学习者是多数，所以要以教育者为主，对学习者实行千篇一律的教育方式和教育内容，所有人要以同样的方式来接受知识，这本身是和人的多元化和个性化发展相冲突的。尤其在当今社会，人的发展越来越强调个性和特质，传统的一元化教育理念将无法满足当前教育的大战略，无论是对国家还是个人，一元化教育都难以达到预期目标。而网络教育实施的教育多元化，教学者和学习者是一对一的，更是多元的。针对每位学习者，不同的教育计划都会发挥其极大的优势和潜力，做到让学习者在学习中真正得到长足的进步。

信息化将导致教育彻底摒弃“仓库理论”，人们不再看重“博闻强记”，电脑和电脑网络就是我们的记忆。人们已不能满足记忆某些知识，更需要应用知识创造性地解决问题。将受到推崇的能力是善于探索未知、创造发明和开创新局面，比起记忆能力和计算能力来，这种能力也是未来人才的关键素质。

现代化教学理念要求教师从高高在上的知识的传播者过渡为教育活动的运行者和传播者，即以学生为主体，对学习活动整体的步调进行把握和规劝，让学生主导学习的大方向，真正将学生的自我学习能力以及独立获取信息和知识的能力作为重点的教学目标。过去，独立学习能力的培养方法只能凭借最基础的教育工具——字典和图书馆。今后，互联网这个工具将成为学生独立学习的必不可少的一种工具，学生要通过互联网学习。

三、国内外信息技术在教学中的运用

（一）国内信息技术在教学中的运用

信息技术在教学中的作用多为积极的，它不仅丰富了教学内容、教学手段，实现了资源的整合，还在知识点的解读上突破了重难点。同时，信息技术在教学中的作用改变了传统课堂中教师课上“满堂灌”、学生课下“死记硬背”的教学方式，丰富了课堂教学内容，转变了师生角色，实现了资源的整合，优化了教学结构，将抽象的知识点具体化。目前，国内信息技术与教学结合的典型模式为微课。

在教育领域，教师的工作非常繁忙，其很难抽出大量的时间去关注每一位学生的学习情况，因此帮助学生查漏补缺、攻克课程重难点成为教师教学过程中的一大难题。在常规教学中，教师只能保证大部分学生的学习进度，不能因为某个学生而影响教学进度，微课程的出现恰恰满足了教师的这种需要。它可以代替教师，让学生进行相关内容的学习，不仅帮助教师节省了大量的时间和精力，还可使学生的学习更高效。

微课发端于微博。2009 年，微博以其互动性和参与性强、信息传播速度快、目标明确的特点，在我国迅速掀起了一场轰轰烈烈的“微”热潮，拉开了“微”时代的序幕。于是，微课应运而生。

面对新课程标准和教学实践的要求，教师的工作已经不是简单地把书本上的知识内容教给学生，而是要在教的过程中让学生体会到学习的乐趣，激发学生学习的积极性，其所采用的教学方式、方法及手段都是为了达到最后的目的——教会学生学习。面对这种情况，如何才能吸引学生注意力，如何才能将高深的理论变简单，将简单的问题变有趣？能不能利用零碎的时间短期内完成一次学习？能不能让枯燥的知识变得好玩和有趣？在这种背景下，微课诞生了。

微课创始人胡铁生提出，如果换一种思维方式，只将教学重点、难点、考点、疑点等精彩片段录制下来提供给教师，借鉴意义和交流价值更大，也方便学生随时随地点播，能重复使用，利用率高。微课的出现，打破了传统的教学方式，满足了学生对不同学科知识点的个性化学习。按需选择学习，既可查缺补漏，又能巩固知识，是常规课堂学习的一种重要补充和拓展资源。这一形式在学校一经宣传，迅速成为校园的时尚，深受教师欢迎。

“微课”的核心组成内容是课堂教学视频（课例片段），同时包含与该教学主题相关的教学设计、素材课件、教学反思、练习测试及学生反馈、教师点评等辅助性教学资源，它们以一定的组织关系和呈现方式共同“营造”了一个半结构化、主题式的资源单元应用“小环境”。因此，“微课”既有别于传统单一资源类型的教学课例、教学课件、教学设计、教学反思等教学资源，又是在其基础上继承和发展起来的一种新型教学资源。

微课创始人胡铁生在2011年、2012年、2013年先后对微课的定义进行了完善。“微课”是指为使学习者自主学习获得最佳效果，经过精心的信息化教学设计，以流媒体形式展示的围绕某个知识点或教学环节开展的简短、完整的教学活动。后又经过完善将定义改为“微课”是以微型教学视频为载体，针对某个学科知识点（如重点、难点、疑点、考点等）或教学环节（如学习活动、主题、实验、任务等）而设计开发的一种情景化、支持多种学习方式的新型在线网络视频课程。

2012年9月，教育部教育管理信息中心主办的第四届全国中小学“教学中的互联网应用”优秀教学案例评选活动暨第一届中国微课大赛（以下简称“大赛”），标志着国内研究者和一线教师对微课进行了探索、研究和实践。2013年，由华南师范大学和凤凰卫视合作的“凤凰微课”正式上线。首届全国高校微课大赛顺利举行，参与比赛的高校超过1 600所，参赛选手12 000多人。这些事件标志着一种新型学习资源——微课，正受到国内教育界的广泛关注。有专家预测微课将成为近几年最有前景的教育技术之一。

目前，国内微课的主要形式有录频形式、PPT制作转化为视频格式，以及其他的一些实时录制的教学活动片段，资源的设计与开发处于探索阶段。黎加厚就各个学校上交的微课程作品，提出了微课制作方面的15条建议：①注意教育的对象；②一个微课程只讲一个知识点；③时间控制在10分钟以内；④教学步骤完整性；⑤展示性信息：⑥微课设计的整体性；⑦恰当的提问；⑧结束总结；⑨用字幕做补充；⑩学习单指导微课的学习；⑪学习单将微课与学习内容联系起来；⑫清楚地告知学习方式、评价方式；⑬让学生了解主讲老师的信息，激起对老师的好感；⑭借鉴可汗学院的教学方法、理念、策略；⑮学习其他领域的设计经验。在微课的应用方面，他提出了微课应用的“四步五环”：①课前四步，即导学案的设计、教学视频的录制、学生的自主学习、个别辅导计划的制订；②课中五环，即探究合作、释疑拓展、巩固练习、自主纠错、总结反思。

张一春对微课的设计提出了 5 条策略：①精心的教学设计。要有较为完善的课程组织结构，并非从一段较长的视频课中截取一截。②特色的教学内容。内容最好精彩地呈现，突出该学科的特点。③丰富的多媒体技术。尽量借助多媒体技术展示课程内容。④精致的拍摄制作技术。尽可能不要有口误、表达不清、拖泥带水的现象。⑤把握开场 2 分钟，视频开头要能吸引听众。国内面向技能型微课的比较典型的网站有几分钟网、优酷等。几分钟网是面向大众的微课资源，涉及生活（如何扎头发、做菜等）、摄影（摄影基本技能）、美术（简笔画、山水画等）等方便而且实用的技能，在很短的时间内呈现并讲解清楚。优酷等视频资源网站多是书法写作、照相摄影、山水画、乐器使用、健身体操等短小的用于技能呈现的微视频资源。当然，也有与信息技术技能课相关的微型资源，如一些面向大众的基础技能操作视频，这些视频大都是对某一些软件的操作，一般都在 10 分钟以内，缺点是这些技能型微型资源面向的是大众或成人，缺少对具体学习者的定位分析。总体来看，技能型微课一般操作性强，旨在短时间内快速地帮助学习者掌握实际的操作技能，从而达到解决问题的目的。

移动课堂模式在我国已经发展过一段时间，其中的不足也暴露出来，研究发现，目前的微课在设计、开发和应用方面主要存在以下问题。

1. 对微课的概念和定义缺乏明确、统一的认识

调查发现，人们对微课的认识尚未明确统一，众说纷纭。从名称上来说，有人称其为“微课”，也有不少人称其为“微课程”，更有人认为二者相同。从概念上来说，不同的人有不同的理解。张一春认为微课是一种教学活动；胡铁生认为微课是一种教与学活动的各种教学资源的有机组合；焦建利认为微课只是一种教学资源，不宜用课程这么大的概念去定义；苏小兵等认为微课是一种新型的课程资源，是由目标、内容、教学活动、交互、多媒体五大要素构成。微课究竟是什么？至今仍然没有人能够提出令大家普遍接受的观点。对微课缺乏正确的认识在一定程度上影响了微课的健康快速发展。

2. 开发微课的目的不明确

对佛山市 100 名中小学骨干教师的问卷调查发现，有 36% 的中小学教师曾经制作过微课，其中比赛获奖者也不少。然而，进一步调查发现，没有人将制作的微课应用于实际教学，而是全部用于微课比赛，这一结果出人意料，令人吃惊。这从侧面反映出目前微课只是停留在开发和比赛的层面，而实际应用于教学的非常少，这也是目前微课发展中存在的非常严峻的问题。

对教师的访谈进一步还发现，造成这种现象的原因主要是教师制作微课的目的仅

是为了参加比赛和职称晋升，而不是教学应用。

3. 微课应用的目标对象不明确

从大赛网站的调查中可以发现，大多数教师制作的微课形式单一。从教学方式来看，适于教师教学的讲授型微课比例高达到 76%，而适于学生自主学习的学习型微课比例只占 24%。这表明大多数教师对微课应用的目标对象不明确，制作微课只是为了辅助教师开展教学而不是为了学生的自主学习。

4. 教师掌握的技术有限，开发方式单一

网站调查发现，微课的开发以课堂实拍和 PPT 录屏两种技术方式为主，其中课堂实拍占 31.7%，PPT 录屏占 35%。课堂实拍 +PPT 录屏占 21.7%，三者合计达到 88.4%。这表明当前教师掌握的微课开发技术有限，仍然局限于某一两种开发技术。究其原因，一方面是因为教师仍然惯于采用传统的课堂录像，另一方面是大多数一线教师还没有掌握微课制作的各种新技术和新方法。

5. 微课开发缺乏系统性和完整性

由于目前教师制作微课的目的大多只是为了比赛，所以开发的微课作品数量非常有限，并且大多微课作品只介绍一个知识点，严重缺乏系统性和完整性，很难对学科教学产生真正的促进作用。这是目前微课很少应用于实际教学的另一个重要原因。

6. 微课开发无序和低效

在对教师的访谈中，我们发现目前微课开发以教师单打独斗为主，学科教师之间没有形成开发团队，学校与学校之间、地区与地区之间没有形成共建共享机制。微课开发处于无序、低效的自然发展状态，教师个人闭门造车、各自为政、低水平重复建设等现象严重，制约着微课的开发、应用与发展。

7. 缺乏科学有效的教学应用模式

一项调查发现，应用于传统教学的微课高达 95%，应用于翻转课堂教学的微课只有 5%，而应用于移动学习、教研活动的微课均为零。而针对佛山市 100 名教师的调查结果表明：微课应用于教学的比例为零。进一步的访谈发现，教师普遍对如何将制作的微课应用于实际教学感到困惑。尽管教师制作了微课，但依然采用传统的教学模式开展教学，使微课难有用武之地。究其原因，缺乏科学、有效的应用模式是影响微课教学应用的重要因素。

8. 缺乏有效的微课开发培训模式

在对教师的访谈中，我们发现有不少教师曾参加过省内外各类微课开发培训或讲座，但普遍反映收效不大。主要存在的问题是培训重理论轻实践，重设计轻制作、应用，不少流于表面，仅停留在概念介绍、设计原则介绍以及简单的制作上，缺乏有效的实战训练、全程的绩效支持、后续的教学应用和跟踪辅导，培训收效甚微。

（二）国外信息技术在教学中的运用

1. 各国信息技术教学发展概况

（1）美国：NETP 美国教育技术规划。

(NETP) 是美国教育技术最重要的纲领性、政策性文件。其中，《重新思考技术在教育中的角色：2017 年国家教育技术规划更新》旨在为相关教育研究人员或教育机构树立一个技术变革学习的愿景，共包括 5 部分内容：

首先，在学习方面，为学习赋能。美国教育技术计划提出，学生的学习内容要迎合 21 世纪所需的相关专业知识与能力，重点关注如何利用技术让已有的最有效的学习原则发挥出强大的力量，改变学生原有的学习体验，增加基于项目的探究式学习、混合式学习等新型学习体验，而最终目的在于，利用技术提供更为公平和易于获取的学习。

其次，在教学方面，运用技术实施教学。美国教育技术计划提出，技术支持下的学习，教师的角色发生了很大转变，教师可与校园之外的教师们远程协作，并利用技术设计出高参与度的学习体验，也可应用新的学习技术来指导评价。除了成为学生学习的指导者、促进者和激励者，教师还可以成为与学生教学相长的学习伙伴。要实现上述变革，教师必须具备能充分利用多样化技术的知识和技能。在这种新形势下，美国教育技术计划对师范生教育进行了反思，提出应加强应用技术学习的新要求。

再次，在领导力方面，为创新和改变创造文化和氛围。美国教育技术计划阐述了为未来准备的四大重点领域，并将合作的领导力置于首位，强调教育领导在教学变革中的引领作用。为此，教育领导需要建立一个如何利用技术最大化满足所有学生需求的共享愿景，实现系统性的教学重构，并要将这份愿景转化为行动计划。同时指出，该计划的落实实施才是成功变革教学的关键。

第四，在评价方面，测量是为了改善学习。美国教育技术计划认为，技术支持下的评价具有节约教师时间、减少纸张使用等优势，但更重要的是，技术能够改变评价方式。具体表现在，它使得测验评估题型更加多样化；能够对复杂能力进行测量；能够提供实时的反馈；能够深入学习过程，支持形成性评价的生成；允许持续性评价发生等。同时，计划提出了未来技术化的评价情景，包括开发学习仪表板、汇总来自各平台工具上的信息数据、将学习信息可视化等，并强调利用评价数据改善教与学。

最后，在基础设施方面，开放获取且有效使用。美国教育技术计划认为，技术支持下的学习、教学和评价的发生都需要一个强大的基础设施。其关键要素是高速网络连接以及随时随地可获取到的设备。除此之外，还包括数字化学习内容、其他资源，以及建立相关的教师专业能力发展培训项目等。

（2）英国:“下一代学习运动”。

英国的“下一代学习运动”主要是针对父母或法定监护人用人单位和学习者提出的，以增强他们将技术运用于教育的意识，促进他们更加关注技术，从而让学生、家长和雇主了解在学习中应用信息技术的益处，促使技术为所有学习者带来最好的学习体验和效果，让他们对教育和培训的提供者提出更高的要求，最终使每个人都能从技术中获得最大的好处，改善学习、提升技能、优化知识，最大限度地发挥他们的潜能，达到更高的成就。

下一代学习运动主要关注三方面：父母或法律监护人更多的参与，在中小学和大学里有效地使用技术促进学习以及确保学生安全上网。“下一代学习运动”主要从以下六方面来提高教育质量：第一，完善学校。制定一项运用技术提高学习者学习效率的策略，并遵循这项规定。第二，可持续发展计划。平衡关于技术的经济、社会和环境各方面以促进学习。第三，获得最佳价值。以正确的支持和适当的价格获得安全可靠符合目的的技术。第四，保护学习者上网。保护、教育和增强所有人以实现安全上网。第五，激励家长参与。确保家长能够访问和使用技术，对子女学习产生积极影响。第六，促进学习个性化。支持学习者高效地、鉴别地使用技术以满足个人需求。

（3）瑞典：瑞典网络大学。

正如瑞典的厄斯特罗斯指出的那样：迄今为止，这是瑞典最大的以信息技术为依托的教育项目，并将使瑞典在这一领域保持领先地位。瑞典政府充分利用已有的发达信息通信技术和网络基础设施，以高等教育为突破，大力发展教育信息化，努力推进高等教育信息化发展的科学化、规范化。同时，大力开展网络高等教育，改变高等教育的传统教育模式，打破时空限制，为更多的人，尤其是居住在瑞典偏远地区人们以及渴望接受高等教育的在职人员提供接受高等教育的机会。瑞典政府希望通过网络大学的开办使 50% 的年轻人在 25 岁之前开始接受高等教育。

瑞典政府为网络大学的开办提供了充裕的财力支持。该提案在议会获得通过时就获得了 2 000 万美元的专项拨款。瑞典政府还决定在今后三年内再增加 3 000 万克朗的投资，用于网络大学的课程开发工作。尽管网上课程花费较大，但瑞典政府将承担这项“额外”开支。

瑞典的网络大学实行灵活多样的课程编制和教授制度。瑞典政府规定，网络大学的课程由参加网络大学的各普通高校提供，实行各校申请加入的原则。同时，网络大学的学生可以自由选择参与大学和研究机构开设的课程。

为了加强对网络大学的管理，瑞典政府撤消了“全国远程教育委员会”，专门成立了“全国网络大学委员会”，负责对网络大学的管理。该委员会将从某种程度上充当网络大学发展的网络终端，它将负责对申请进入网络大学的高等学校进行注册，组织相关的学习、辅导、培训工作，以保证网络大学健康、顺利发展。

从目前的情况看，许多瑞典人对申请加入网络大学学习有很高的热情，同时瑞典高等学校对网络大学持一种乐观态度。瑞典一所大学的校长表示，全国约有 30 万人对网络大学的课程感兴趣。因此，他认为瑞典网络大学的发展前景是美好的，同时网络大学的发展将进一步推动瑞典教育信息化的快速发展。

（4）新加坡：Master plan4。

在新加坡，Master Plan（信息通信技术总体规划）为校园信息通信技术的应用及学生学习提供了蓝图，也是教育信息化绩效评价的重要参考，Master Plan 研制过程主要经历成立督导委员会、设立督导委员会下属委员会、总结前期发展经验等九个阶段。

目前，新加坡已经研制了 Master Plan1 ～ 4。Master Plan4 从自主学习和合作学习走向全课程，其中 ICT 在知识获得、21 世纪能力形成、数字公民责任意识的培养中有着重要作用。Master Plan4 关注学习并契合教育部以学生为中心和价值导向的教育观，具体包括一个愿景、一个目标、两个助力者、四条路径。一个愿景：培养“为未来做准备且有责任感的数字化学习者”。一个目标：“用技术来促进每个人的高质量学习”。两个助力者：一个是作为学习体验与环境设计师的教师：另一个是作为文化建设者的学校领导。四条路径：①深化 ICT 与课程、评估、教学法的整合；②利用 ICT 促进教师持续的专业学习；③培育创新文化和反思性实践；④构建联通的 ICT 学习生态系统。

（5）法国：“数字化校园”。

2015 年，法国正式确立了“数字化校园”战略规划，该战略是法国有史以来最大的教育数字化计划，旨在有效利用数字技术培养学生 21 世纪数字素养技能。

该战略定义了实现信息技术变革教与学的实践的四大支柱：培训、设备、资源和创新。同时，据此提出了一系列配套项目，具体包括：①国家优先考虑教师培训；②为教师和学生提供设备和资源；③鼓励为数字一代开发数字教育创新和技术孵化项目。

2. 国外移动课堂发展概况

目前，网络教学模式得到了国外广大学者的认可，其优点主要体现在高度互动性、资源共享性、服务及时性、教学方式多元性、社会资源节约性等方面。目前，国外最具影响力的网络教学是 MOOC（大规模网络开放课程）。作为一种“教学并重”的新型教学模式，MOOC 的特点在于大规模学生交互参与和基于网络的开放式资源获取。与传统网络课程不同的是，MOOC 除了提供视频资源、文本材料和在线答疑外，还为学习者提供各种用户交互性社区，建立交互参与机制。学习者只需一台与互联网连接的电脑，就可以随时随地学习世界各地的名校课堂，与在线的数万名同学一起互动交流。

近年来，随着 Internet 的快速发展，网络教育资源如雨后春笋般应运而生。美国麻省理工学院率先开展了在世界教育领域引起广泛关注的开放式课件运动。在麻省理工学院带动下，诸多大学开始向世界公开其开放课程。英国开放大学、荷兰开放大学等也都积极参与这个运动。开放教育的理念逐步深入人心，开放教育资源共享的运行机制日臻完善。近几年兴起的（MOOC）像传统大学一样，有一套自己的学习和管理系统，同时这些开放课程都是免费的。目前，MOOC 在大学中受到广泛关注。

随着网络技术的发展和应用，通过网络技术建立一个基于 Web 的，能支持和管理教学过程、提供共享学习资源和各种学习工具的虚拟学习环境成为趋势。目前国外比较流行的教学平台有 WebCT、Blackboard、eCollege、Learning Space、Moodle、Sakai 等。这些教学平台为教学及管理提供了支撑和服务。

国外的网络课程形式主要有可汗学院和 TED，它们不断发展，现已经风靡全球。可汗学院（ Khan Aeademy ）是由孟加拉裔美国人萨尔曼·可汗（ Salman Khan ）创立的一家非营利性的教育组织，主旨是利用网络影片向世界各地的人们提供免费的高品质教育。可汗学院正在为加快各年龄学生的学习速度而努力着。萨尔曼·可汗拥有麻省理工学院的硕士学位和哈佛大学的 MBA 学位。刚开始时，他为了帮助住在远处的亲人进行日常学习，尝试着把自己的教学影片放上网络，主要是在 YouTube 网站。由于广受好评，这些课程慢慢地被越来越多的人所熟知，并迅速地向周围蔓延，让学生在家里就可以学到学校里面所讲授的知识，甚至正在“翻转课堂”，成为“颠倒的课堂”。有些教育学家认为这种教育模式正在打开“未来教育”的曙光。

可汗学院取得的成功给当前的教育体制带来了很大的挑战。现在，虽然存在着许多大学的网络课程，但仅是把教授上课的过程拍摄下来，强调的是教师的“教”，忽视了学生的“学”。可汗课程则突出了学生的“学习”过程，课程设计“以学习者为中心”，充分体现出学生的主体地位，教师从单一的知识传授者角色向学生学习的帮助者和学习资源的提供者转变，符合现代学生的学习特点。

TED 是一个致力传播创意的非营利组织，TED 指 technology，entertainment，design 在英语中的缩写，即技术，娱乐、设计。每年 3 月，TED 大会在北美召集众多科学、设计、文学、音乐等领域的杰出人物，分享他们关于技术、社会、人文、艺术的思考和探索。TED 诞生于 1984 年，其发起人是理查德・索・乌曼。TED Talks 的视频云集了曾踏上过 TED 讲坛且举世闻名的思想家、艺术家和科技专家，他们都可以在网上发布演讲视频，而这些演讲令 TED 从以往 1 000 人的俱乐部变成了一个每天 10 万人流量的社区。为了继续扩大网站的影响力，TED 还加入了社交网络的功能，以连接一切“有志改变世界的人”。

第四节　互联网时代教育改革的动因与原则

一、互联网时代教育改革的动因

（一）教育需求和问题是变革的根本动因

任何社会变革都是在一定的社会需求和社会问题的利益驱动下开始的，教学方式变革也不例外。如何理解互联网时代教学方式变革的发生存在两种分析思路。第一，任何特定的历史时期都会对当时的教育提出发展目标，教育需求是在一定的社会环境下发生的，二者相交即形成教育发展期望；“互联网对当前社会各领域产生了极为深刻的影响，给传统教育带来了巨大挑战。传统教育如果此时不进行变革和创新，那么它一定会阻碍社会的发展。一旦人们意识到社会新的需求后，就会千方百计地寻找变革的路径。”① 第二，对当前教育状态的不满而寻求教育变革与创新。当前，我国教育发展面临诸多瓶颈，亟待新方法来破解教育难题，其中一个重要的思路就是利用互联网带来的机遇，让教育站在互联网的风口上来促进教育变革与创新。教育需求是教育教学方式进行变革的逻辑起点和落脚点，互联网时代、，我国教学方式变革的发生是以解决我国长期面临的教育难题为根本出发点的。

（二）新兴信息技术是变革的强大动力

有学者认为，“信息技术影响教育变革的路径分为两条：一是信息技术直接应用于教育，产生教育变革；二是信息社会的变化影响教育，最终产生教育变革”。互联

① 周友梅，阚京华．当代会计教育研究 [M]. 北京：人民邮电出版社，2014：53.

网时代，教育领域以云计算、物联网、移动互联网、大数据等为代表的新兴信息技术正飞速发展且应用不断广泛深入，这极大地促进了互联网时代教学方式的变革。原始社会知识的传递与学习主要是通过人与人之间的口耳相传；古代社会由于造纸术的发明，极大地促进了人类文明的发展和人类知识的传播，人们的学习主要通过读写进行；近代社会由于广播、电视、电话的出现，远程同步交流与学习成为可能，学习不只要通过读写来完成，视听也成了学生学习的重要通道；现代社会由于互联网技术以及各种高精尖教学辅助设备的出现，知识不再是静态地停留在书本上，而是在各种媒体中快速流动，“知识”不再是个名词而成了动词——“知识流”，人们的学习方式不再局限于读、写、视、听、算，探究成了大众倡导的学习方式，技术使学习智能化、智慧化、虚拟化。比如，学习生态是由不同学习主体共同构建的，在学习生态中学习主体基于兴趣、爱好、知识背景、专业等的不同形成了不同的学习社区，这些学习社区在网络上是以虚拟社区的形式存在的。技术改变了学习的参与方式、对学习资源的拥有关系，也改变了教育主体之间关系。在互联网时代，教育关系重构是教育变革需要研究的重要问题，同时对教师的专业发展提出了新要求。

（三）学生个性发展需要是变革的内在动力

在传统的教学中，教师以相同的教学方式对待每一位学生，以相同的进度教授每一位学生相同的内容，同一个班的学生学习相同的科目，然后接受相同的考试测验，从而甄别出学生的优劣。这种传统的教学方式符合工业时代对标准化人才培养的需求，其特点是在特定的时间内学习掌握特定的学习内容，并以相同的标准去衡量所有人。但在这种教学方式中，学生的个性被扼杀，兴趣爱好被剥夺，思想发展受到压制。承认学生个体差异，尊重学生个性发展，实行差异化教学，注重因材施教是互联网时代教学方式变革和教学效率提升的要求。在互联网时代，教师有条件依靠各种手段和媒介为学生提供丰富的学习资源，创设良好的教学环境，让学生能够自主地选择自己需要的学习内容，感受到学习的快乐，满足他们的兴趣爱好，从而促进他们个性的发展和培养创新、创造的能力。另外，教学支持手段的增多以及学习资源的极大丰富且不受时间、空间和地城的限制，这些也为满足教学中学生个性化需求提供了坚实的物质基础。

（四）教学媒体的多样变迁是变革的现实基础

在传统的教学中，教材作为学生学习的主要资源和直接作用对象，是课程的物质载体和学生学习与教师教授之间的连接介质，然而面对个性多样的学生时，千篇一律的教材存在着明显缺陷，无法满足教学多样化需要和学习个性化需求。在互联网时代，教学媒体日益朝着智能化、智慧化方向发展，使其功能和作用不断增强和扩大。

现代教学媒体不仅是传播数学信息的媒介或辅助手段，还成为人们的认知工具和学习资源，改变着教学环境的组成元素、教学资源的形态和教学要素间的互动方式，使教育呈现出较强的信息化特征：教育手段趋于多媒体化、教学资源趋于数字化、教学方式趋于多元互补。可见，为了让富有个性的学生在教师的引导下发挥他们最大潜能，积极进行探索和创造，教师必须摒弃“照本宣科”式的教学方式，同时根据学生的学习状况，运用教学智慧选择适宜的教学媒体，营造温馨和谐的教学环境，以多样化的教学方式来开展教学，如此才能达到最佳的教学效果。

二、互联网时代的教育改革

在大数据、云计算、移动互联等技术优势的基础上，再加上“免费使用”的互联网思维，互联网犹如一场海啸，席卷了整个教育领域，掀起了一场改革的浪潮。互联网教育模式下的人机交互、人工智能等，不仅革新了教育技术，对原有的教育体制、教育观念、教学方式、人才培养也是一次深层次的影响。中国互联网教育自 2012 年起开始飞速发展，风靡整个教育领域，并在持续发酵中。互联网教育的本质是为有效实施教学和学习活动，师生在网络和技术的支持下，在师生分离状态下实行的一种新型教育形式。MOOC、智慧教育、翻转课堂等模式都是其中的一部分。

大型开放式在线网络课程平台——MOOC 就是互联网教育的产物，其优势在于学习者数量无上限、学习时间无要求、学习地点无限制，再加上免费性、开放性、互动性及颁发课程证书等特点，成功覆盖了全球范围内的每个角落，吸引了数以百万的学习者，成为互联网与教育深度融合的一个有利标志。世界顶尖的学校、教学名师、精品课程全部聚集在 MOOC 中，只要轻点鼠标，三步就可以实现免费学习：登录一个 MOOC 网站、注册、选择你喜欢的课程。与传统的在线课程不同，MOOC 课程的授课时长一般为十分钟，甚至更少，并在课程中穿插一些小问题，只有答对问题才能继续听课。修完课程后，学生会获得相应的学分，甚至可以获得该课程开课学校授予的课程证书，这对学生来讲，无疑是一个很大的吸引力。可以说，MOOC 为在线教育创建了新规则，变革了原有的教学结构和模式，创新了教学方式，冲击了高等教育的百年历史，倒逼其实现转型。

教育信息化推动互联网教育的另一产物是智慧教育它是指将现代信息技术与教育深度融合，促进教育改革与发展。① 智慧教育，凭借网络成本低、快捷方便及数字

① 周友梅，阚京华．当代会计教育研究[M]．北京：人民邮电出版社，2014：17.

化传播的优势来改变教育，为学习者提供特定的个性化服务。智慧教育的核心为“智能”，所以智慧教育学习环境的搭建是重点。黄荣怀指出:“要以智慧学习环境重塑校园学习生态。”智慧学习环境是一种能感知学习情景、识别学习者特征、提供合适的学习资源与便利的互动工具，能自动记录学习过程和评测学习成果，以促进学习者有效学习的活动空间。智慧教育的技术特点是数字化、网络化、智能化和多媒体化，基本特征是开放、共享、交互及协作。其本质是以教育信息化促进教育现代化，以信息技术革新传统教育模式。

由此可见，在互联网时代背景下，教育凭借信息化及移动互联网技术的力量扶摇直上，实现教育的数字化、多媒体化、网络化和智能化，成功脱去陈旧的外衣，绽放出新的光彩。

三、互联网时代教育改革的原则

（一）开放性原则

互联网让教育从封闭走向开放。首先，互联网打破了学习的时空界限，让课堂从封闭走向开放。当前，人们对知识的获取不再局限于学校教育阶段，非正式学习变得愈发重要。其次，为了使学习者获得学习能力和实现在不断变化发展的社会中全人发展的目标，学校课堂必须从课内延伸到课外，充分利用信息资源和信息技术，拓展教学空间和丰富教学形式，采用线上交流与线下沟通补充、课内相互探讨与课外研习自修的混合学习组织形式来实现跨时空教学和课堂教学功能的拓展。在互联网时代，人人都能创造知识，人人都能共享知识，知识信息日益朝着开放共享的方向发展。知识是人类共同的财富，免费、开放地获取教育机会是人类的一项基本权利。开放与共享教育资源有利于普通民众便捷、免费地获取丰富优质的教学资源，有助于教育公平的实现和教育质量的提升。互联网时代的教学方式变革要秉承开放共享的理念，为促进教育公平和教育质量的提升多做努力。当前，在世界范围掀起的慕课热潮就是实践开放共享理念的典范。再次，在互联网时代，学科之间要深度融合。传统的单科或分科教学方式已背离了学科发展的方向，要实现学科整合，实行综合教学，必须坚持开放原则，注重知识间、学科间的横向联系，在尊重学科知识内在逻辑规律的基础上构建拓展性和脉络化的学科知识谱系。

（二）自主学习原则

互联网时代，知识信息更迭速度快，学习资源得到极大丰富且日益走向开放与共享，教师的“先知”权威已不复存在，传统的以传授知识为目的的教学方式已不能适应时代的发展，学会学习比掌握知识更重要。[①] 因此，互联网时代教学方式变革的核心是教会学生学习方法，培养学生的自主学习能力。

培养学生的自主学习能力要做到以下三点：第一，构建有助于学生发展的教学环境。健康的心理环境和温馨和谐的学习氛围对学生开展自主学习至关重要。教师要创造富有激励性的学习环境，为学生提供尽可能多的学习支持，加大对学生的引领和指导，使教学过程成为共同探究、多元互动和深度思考的过程。第二，贯彻“教学合一、教学并重”的理念。“教”因“学”而益深，“学”因“教”而日进。师生之间应该建立相互尊重、共同成长、相互促进的关系，如此才能真正促进自身的发展。在传统的教学方式中，教师拥有绝对权威和话语权，无须主动调整和改变自身教学方式来回应学生的需求，因而导致学生被动学习，缺乏学习兴趣。在互联网时代，教师应该将自身一部分主体行为权力主动地让渡给学生，让教学话语权从独享走向共享，削减讲的成分，增加学生主动学的部分，使课堂向“学堂”转变。第三，注重学生自身的研习自修。在互联网时代，人们的学习不再局限于学校教育阶段，教育的重点在于学习者学历培养和养成教育。学习者只有不断提升自身研究性学习和探究性学习的能力，逐步掌握分析问题和解决问题的方法，促进自身知识的迁移和能力的发展，才能应对不断发展变化的社会挑战。

（三）发展性原则

一切为了学生的发展是互联网时代教学方式变革的根本目的。学生的发展既包括全体产生的共同发展，又包括每个学生个体情感、价值观、个性、兴趣爱好、技能等的全面发展。

教学过程是学生认知与情感、态度、价值观交互发展的过程，也是整体生命成长的一部分，因此学生的发展要看成是学生整体生命活动。具体来说，不但要关注学生外在能力的培养，而且要重视学生良好情感、态度、价值观的养成。互联网时代教学方式变革的着眼点不能仅放在学生知识技能的培养上，遮蔽学生个性，抑制学生情感发展，而应该更加注重学生个体的身心健康，关注学生的个性成长，注重学生的价值养成，并不失时机地给予关心照顾，使学生学有所得、学有所长。另外，还要利用互联网时代学习资源的丰富性，努力挖掘学习资源中的隐性教育影响，使之成为学生发展的物质和精神食粮。

① 陈蒙梦．“互联网＋会计”混合教学模式改革与实践[J].财经界，2019（11）：186-187.

（四）融入信息化元素

信息化技术助力课堂教学，为教学提供开发、多元化教学环境以及支持性学习条件。

1. 创设开放与多元化的教学环境

现代技术飞速发展，课堂教学能够运用的技术条件丰富多彩，课堂不再局限某一个特定的学校或教室，课堂界限逐渐消失，教学将延伸到校外，并且在网络虚拟世界中学习以及与虚拟世界中的人合作学习变得越来越重要。通过课程与信息技术整合，为学生创设开放与多元化的教学环境，可以助力师生共同探究、协作发展的新型教与学方式的转变。

2. 创建开放与共享的教育资源

教育资源是教育教学实施的基础，其有效性是教学有效性的决定性因素。传统教学之所以被人诟病的一个重要原因就是教师开展教学主要是基于教材进行的，教材成了教学的主要教学资源。然而，教材知识总是滞后于社会发展的，这就导致学生所学知识脱离了自己生活，学无所用。在当前的互联网时代，新兴信息技术的飞速发展使教学方式多元化和学习资源多样化，教育生态彻底从封闭走向开放。人人创造知识、人人共享知识，丰富了学习资源的数量和种类，拓宽了人们的学习途径、学习视野和学习方式，使学习更加自由、更加自主。

3. 促进课堂交流的深度互动

课堂是师生在教学过程中去审美、认知、交往和综合发展的互动过程，课堂教学离不开互动性。信息化背景下的教学不再是单项信息叠加式知识传授，而是基于教学要素（教师、学生、资源、媒体）的信息交换与分享。教师要鼓励学生开展学习成果的分享和经验的交流，引起学生思维观点的碰撞，点燃学生智慧的火花。同时，教师要为学生提供畅通的信息交流通道和机会，使学生能在多层面进行信息交换，多视角进行观念沟通，养成深入思考的学习习惯。

第五节　互联网时代会计教学改革的发展趋势

一、互联网时代教育的改革趋势

互联网技术对全球教育信息化产生了整体的推动，国内的教育、培训行业也紧随信息化的步伐，不断进行教育变革。我们可以对未来互联网教育做出展望，在互联网作用下，未来教育会发生哪些变革？

（一）多样化教学模式

互联网教育重新解构了传统的学习模式和教育体制，制定了一套新的教与学的互动模式。与传统的教师课堂讲授方式不同，根据网络辅助教学和互联网教育的发展趋势，为满足学生的需要，学习模式必须多样化，如体验式学习、协作式学习及混合学习等。其中，最具特点的是 4A（anytime、anywhere、anybody、anyway）学习模式，即互联网教育可以让学习者在任何时间、在任何地点、以任何方式、从任何人那里学习。这种模式颠覆了传统的教与学的课堂过程与规律，改变了人类几千年以来以教师为中心的授课模式。有分析人士指出：基于教育即服务的理念，互联网教育未来将会以标准算法、系统模型、数据挖掘、知识库等基础，为学生提供个性化、定制化学习服务。比如，O2O 模式、线上教育线下教育相融合等，这样的教学模式使学生对教师授课的依赖性明显减弱，教师的授课形式将会被部分技术取代。①

（二）以学习者为中心的教育

互联网教育改变了传统的“以教师为中心”的授课形式，促使其转向“以学习者为中心”，为学生提供全方位、个性化、持续的学习服务，而不是被动地接受课程教师面向全班学生统一进度的灌输，教学资源、教学过程、学习评价等越来越以学生为中心，教师的作用也由教学主导变成了学生学习的辅助者、服务者，同时以学习者为中心的教学将从课程教学过程本身延伸到课程结业后的就业服务和终身学习需求的满足，促使个性化学习出现。互联网教育通过收集大量数据可以全面跟踪和掌握学生特点、学习行为、学习过程，进行有针对性的教学，更准确地评价学生，提高学生的学习质量和学习效率。这才会出现真正的“因材施教”，大大提升人才的培养质量和成才率。

（三）教育娱乐化

互联网教育需要解决学生的快乐学习问题。目前，很多学者都在研究游戏学习法，即让学生用玩游戏的心态在互联网上学习知识，学习不一定要严肃，如果玩网游就是一种学习，需要不断地挑战和刺激，那么学习过程还会那么枯燥吗？答案是互联网教育为学习者提供了学习趣味化的机会。

（四）免费教育平台的搭建

互联网教育可以跨越校园、地区、国家甚至覆盖到世界的每个角落，课程学习将

① 潘妲，姚丛笑．浅析互联网时代下高等院校会计专业实践教学内容[J]．财会学习，2018（19）：213，219.

是面向全球范围内的注册学生提供教学资源与教学过程相融合、有师生和生生之间交流互动的全面教学服务。所以，优质教育资源平等共享显得尤为重要。互联网教育的未来不是将传统课件搬上网络，而是打造一个汇聚更多优质课程的免费社区平台，让学生在强烈的学习氛围、强制化的学习状态、真实有效的互动中实现自我增值。

（五）移动学习携带社交网络

移动学习并不是将在线教育的 PC 应用程序简单地以浏览器的方式在移动设备上展现，而是要根据教学内容和学习对象，面向智能终端的中小屏幕和学生的碎片时间学习特性进行教学设计，为学习者提供传统互联网所不具备的移动互联网创新教学功能。

（六）互联网教育实现社会认证

目前，大多数人上大学、参加培训的一个重要目的就是希望得到相应的学历学位证书，以此来得到社会的认可。在互联网教育模式下，人们自然希望学习完某门网络课程后，也会被授予证书，也能获得相应的社会认可。MOOC 等互联网教育模式使其不再是希望，而是变成了现实，未来可能有更多与互联网学习内容相匹配证书得到社会的认证。

（七）教育的大数据应用

随着网络辅助教学的应用与普及，教学过程中教师和学生的教学行为、教学过程和学习成果的大量数据被网络教学系统记录下来，通过对教育大数据的综合分析，有助于改善和提高教学质量。在未来几年，教育大数据应用将会给课程教学和教学管理创造更多的价值。

二、互联网时代会计行业的发展趋势

（一）网络互联为会计的行业发展提质增效

1. 信息传导实时呈现

借助专业的财务软件以及网上财务管理中心平台，企业的每一项资金流向都将呈现出实时动态的反映，实现全景监控，会计核算的范畴也进一步扩大了，企业的资金流动和运营流程将更加呈现出公开透明的趋势。对于企业的管理者来说，可以借助远程监控系统对所有子公司或部门的资金流向和财务发生进行统一管理，并实时生成与业务发生匹配的协同报表，实现动态会计核算和在线财务管理，以供相关部门监管审查，实现会计业务一体化处理。借助互联网，分布于不同地域的企业部门间还可以互联互通，集中对财务数据进行各种模式的加工处理，满足管理者的需求。

2. 信息呈现全面快捷

现如今，企业通过规模扩张、多元化发展、兼并重组等多种方式已普遍走向集团化发展之路，企业跨地区、跨国经营是很普遍的现象，在这种状况下，对整个企业的财务掌控和管理几乎完全要依靠互联网和专业财务平台。在网络环境的财务管理模式下，财务信息的收集和加工处理程序更加简易化、集成化，其外延也会从单纯的计算报表扩充到跟踪定位、风险控制、单证交换、资本增值等方面。借助网络会计技术的应用发展，企业管理从制度控制向程序控制转变过渡。通过网络财务管理中心，管理者可以实现按需索引数据，跟踪完整的数据流，满足个性化的管理需求。此外，云储存和云硬盘可以辅助企业建立数据库，集中储存公司各个时期的各种财务指标，并将之与其他同行业其他企业的有关财务指标进行实时分析比较，从而为决策者提供更好的参考与服务。

3. 信息共享便利

依托互联网技术，企业内部的会计信息处理加工和报表呈现的透明度进一步增强，针对不同的财务需求，相关部门可以借助网络直接采集大量的财会数据，也可以更便捷地获取企业外围信息，信息的集成功能和整体管控性增强，财务运作更加优化。尤其现在软件管理越来越先进，防火墙技术进一步增强，信息的安全性得到进一步保障，通过网络安全授权，管理者可以直接获取相关信息，立体的、实时的网络信息资源共享可以更加便捷地实现。信息的采集、传导、加工也将更加畅通，通过管理中心和平台可以做到点控，提高财务运作效率，为决策者提供更加可靠的财务详报。

（二）网络互联为会计人员的转型带来新机遇

在互联网和大数据相互融合的影响下，财务工作的范畴已经从传统的金融核算、财务报表进入战略规划、前景预测、流程设计、预算管理、风险控制和绩效管理等较为现代化的管理体系中，身处其中的财会从业人员面临着转型发展，传统的核对内容将被专业化的管理工作所取代。①

首先，会计人员的工作内容面临着从低阶的数据采集到高阶的数据加工的转型。以预决算为例，在传统模式下，因为存储数据、统计分析工具、从业人员技能素养的限制，企业的预决算大都基于一些内部数据和历史数据，即便如此，也面临着数据碎片化、过时化的缺陷。互联网的出现和发展，为职业会计人的转型带来契机，他们工作的重点将从数据收集者向数据加工者转变，行业信息的收集异常简便，依托专业软

① 毛莉莹，吴玮．"互联网＋"背景下会计专业实践教学体系改革探索［J］．农家参谋，2019（20）：265.

件可以对信息进行各种层面的加工，且流程更透明快捷，财务核算更规范有序、财务监督更科学准确。

其次，会计人员的身份面临着从操作者向管理者的转变。在移动互联网、云计算、大数据等信息技术的影响下，会计从业人员要逐渐向管理者转变，需要协同其他部门进行多方接口，开发多方账户，将现金流动预测、银行核算对账、资本核算控制、财务管理营运等纳入进来，着手建立电算化会计数据搜集运算数据库，并与其他行业进行对接以及数据交换，使财务信息更可靠准确。财务管理更加合理、财务数据反馈更加有序、及时、有效，进一步满足了商品交易的需求和企业内部管理控制与决策的需求。在网络大数据时代，管理者以及客户对信息核算处理、交换加工、传输传递的需求越来越高，传统的财务报告已经远远不能满足商业发展的需求，人为操作错误率高、信息内容相对滞后等弊端越来越明显。因此，现阶段要求职业会计人从简单的数据操作者进一步向管理者转变，实时呈送自动化、无纸化、实时化的报告系统。借助计算机和云技术强大的数据库系统，以及专业的研发公司开发的会计软件，可以使财务信息的载体由传统的数据传输计算转化为对符号的加工，在最短的时间内完成上传、计算、归类和组合，随时生成能够满足特定财务需要的会计报告。可以说，网络计算已经从根本上改变了会计报告的传输形式。借助网络，财务信息可以无阻碍传导，有效地减少了人工消耗以及传递成本。此外，从对财务会计报告中的指标体系、资产负债表、利润表、现金流量表及相关附表的内容看，利用专业的软件，可以做到会计报告及时生成：对于审计人员来说，可以将审计的时间从原来的年度审核变为月度甚至更短；除去国家统一标准，公司管理部门的审计内容可以从原来的按照统一标准产生的信息过渡到特定要求定制的报告模式，有利于及时发现纰漏。此外，还可以通过对历史和已发生财务的内容所做的分析，对未来的经济状况进行预计。由此，会计工作将变得更加多元。

（三）互联网为会计职能的转变创造新环境

现如今，会计的职能越来越从“数据的收集处理和造表提供”向“数据的对比应用和决策辅助”转变，从“事后操算”向“事前的预测评估”转变，这样的发展趋势有利于更好地挖掘会计行业的职业内涵。

1. 发挥会计预测分析和监督监管功能，实现全程无纸化交易

新型的会计职能可以对企业的一系列生产经营活动或预算决算的执行过程与结果进行跟踪记录，利用软件和数据平台定期编制会计报表和数据指标。如此，管理者可以据此考核运营目标或生产计划的推行情况，为下一步的综合平衡提供可靠有效的资

料信息。还可以依托专业的、市场化的软件应用，降低参与人数、减少计算误差，缩短时耗。

此外，借助互联网可以让内部信息数据更安全有序地流动，分类、连续地记录各项财务业务发生而引起的各会计要素的增减变动情况和结果，为经济管理者提供各种类型的会计指标。也可以进行异地远程结算，及时传输传送报表，还可以合理使用表格和图表，以视频或幻灯片的方式演示出来，可视性更强。另外，建立在网络环境基础上的会计信息系统也是电子商务的重要组成部分，它能够帮助企业通过融合财务、管理、成本、税务等多部门间的合作合并，减少对会计职业本身的专业化需求。在电子商务模式下，会计信息容量增强，更容易实现财务与商业之间的协同远程报表、财务披露、查账。

2. 将会计工作的中心转移到协调管理中，进一步满足决策者需求

行业间互联改变了原有的经营模式和工作运营环境，资本流动频繁，商业发生不再受时间、空间限制，这种发展趋势对传统会计行业来说是冲击，但也可以为转型带来新的契机。会计从业者和职业会计人要把握发展机遇，及时学习与调整，进一步与行业发展接轨，适应时下互联网下电子商务的发展进程，为企业发展和公司决策提供更好的服务。

三、互联网时代会计教学的发展趋势

（一）基于互联网模式整合会计教学资源

在互联网时代背景下，传统的教学资源必须进行相应的整合优化，这对会计专业的实践教学具有非常重要的意义。由于会计专业有一定的关于企业的保密信息，所以大多数企业不愿意招聘相应的实习生，而是喜欢招用有一定实践技能的人员。这就要求高等院校通过仿真的企业模拟实训平台来提高学生处理业务的能力以及实际操作的能力。

（二）互联网背景下教师采用“慕课”“微课”等新的教学方式

网络新媒体改变了传统的教育模式，使传统的教育模式向多元化的方向发展。对于高等院校的会计教师而言，不仅要有相应的互联网思维，还要有利用互联网技术的能力。教育改革强调的是创新，尤其在互联网这样的时代背景下，高等院校的会计教师要不断创新，不断尝试新鲜的教学方式，如“慕课”“微课”等，使教学方式多样化。

（三）构建互联网时代情景模拟实验教学模型

互联网时代可以创造无数的不可能，所以现在已经不再是传统会计“填鸭式”学

习考试的天下，而是利用互联网会计改变传统时代的天下。高等院校应当建立一个开放式的模拟平台，将会计环境纳入整个企业环境中去运行和教学，建立仿真企业模拟实训室，从企业的建立到运营的环境中去实践教学，让会计课堂不再是单一的书本和实践分离，充分利用仿真的企业模拟实训室达到与企业的真正接轨。

第三章　互联网时代会计教学改革的必要性与可行性

第一节　互联网时代会计教学改革的机遇与挑战

一、新时代会计教学改革的机遇

（一）教学内容的创新

互联网具备优越性，能够实现海量信息以及资源交换，促使教学更加方便和快捷。高校会计教学过程当中融入互联网元素之后，能够促使教学内容得到丰富，同时提高高校的核心竞争力。在互联网的环境之下，通过引进互联网可以打破校际之间相互隔阂，针对会计教学内容以及在线课程资源进行深入整合，形成科学合理的教学模式。[①] 在目前的会计教学过程中，教师应当加强课程设计工作，同时整合优质教学资源，这样可以促使不同高校的学生从互联网上获得优质的教育资源，自主学习所感兴趣的课程，这样可以激发学生的学习积极性以及主动性。除此之外，结合目前会计专业特点进行分析，不难发现需要将会计实训课程纳入日常课程教育体系当中，除了在实验室当中开展实训课程，还应当加强对学生的考核，加强模拟训练，如此才能够促使学生充分地将理论和实践结合起来，获得成绩以及学科素养的提升。

（二）教学体验的创新

在互联网背景之下，我们应当加强教学体验的创新，尤其在会计教学过程中，教师应当结合互联网以及学生需求，通过互联网会计教育促使教学过程更加便捷、有趣，进而激发学生学习兴趣以及调动学生学习积极性，提升课堂教学质量，增强教学效果。

---

① 王晗．互联网时代我国高校会计专业人才培养模式研究[J]．现代营销（信息版），2019（12）：209-210.

（三）教学方式的创新

互联网环境下应当实现教学方式大胆创新。互联网环境下，教和学的方式会发生根本性改变，课堂讨论、课堂答疑或者课堂教学活动都可以从传统教室转移到互联网上，而学生也可以通过使用移动互联网来开展学习活动。这样，能够强化学生主观能动性，也可以激发学生学习兴趣，调动学生学习积极性。除此之外，在互联网教学过程中，还可以实现翻转课堂，这样促使学生成为课堂教学的主体，教师不仅仅是在课堂上讲解大量课程知识，而是引导学生主动去学习，学生可以通过听播客、阅读电子书或者看视频获得知识，还可以通过和其他学生讨论来学习知识。另外，教师也可以采取讲授法或者协助法来加强教学，促使学生由传统被动学习转变为主动学习，提升课堂教学质量以及教学效果。

（四）教学评价的创新

高校教学活动开展过程中，要加强会计学科教学评价，会计学科教学评价和其他学科教学评价基本上类似，都是采取网上互评方式开展评价活动，学生可以在互联网上对教师教学进行评价，教师也可以对学生在课堂的表现进行评价，同时可以结合学生所反馈的信息调整和优化自身教学模式以及教学思路，进而实现教学相长，还可以加强学生和教师之间沟通互动，提升课堂教学质量和教学效果。另外，在互联网快速发展的背景下，云计算技术以及大数据技术不断发展，对会计教学产生了深刻的影响，还可以促使评价更加多元化，同时克服传统评价过于片段化或者单一化的弊端，不仅可以对学习成绩进行评价，还可以对学生课堂积极性、解决问题的能力及实践能力进行量化评价，进而形成全面、综合、系统及科学的评价体系。通过使用互联网平台，学生和教师之间还可以互评。除此之外，教育部门或者学校可以通过互联网上的数据对教学效果和教学质量进行评价。家长还可以通过互联网的数据了解学生学习情况以及教育质量。

二、新时代会计教学改革的挑战

（一）面临格局重构和生态重塑的严峻挑战

互联网时代打破了传统高等教育的市场壁垒，使高等教育资源的跨国界流动和高等教育市场的跨国际拓展成为可能。以 MOOC 为代表的在线开放课程不仅代表了一种新的教学样式，更将催生新的教育生态，由此引发高等教育市场格局的重构和教育生态的重塑。国外优质教学资源的输入带来的不仅是国内高校的生存压力，也将引发对国家文化安全的威胁。虽然科学无国界，但其传播中不可避免含有西方资本主义价值观和意识形态的渗透。当今世界，文化软实力已成为国际竞争的重要组成部分。外来文化渗透不仅威胁国家文化安全，也会影响国家的文化软实力。因此，必须站在全球战略高度审视高等教育的变革。高校学生是社会的精英、祖国的未来，如果我们不能打造自己的优质教育资源去占领教育阵地，赢得广大青年学生，而让他们被外国教育资源所影响和渗透，后果将不堪设想。

（二）面临教学模式冲击以及教育理念更新的挑战

现有的高等教育教学方式仍然是以固定课堂为主，而兴起的慕课、翻转课堂等打破了原有的教学方式，将固定教学转化成以互联网为载体的新型教育模式，课堂主角从教师变为学生，学生自主学习。学习地点也不再局限于教室。随着移动学习终端的迅速发展，在线学习成为日常生活必不可少的内容。如果冲破学历制度上的政策壁垒和社会用人制度，互联网必将冲击高校的传统教学方式。高校的教育理念是以培养知识性人才为主，而高校学生大多是被动接受学校安排，以顺利毕业，找到工作为目标。因此，高校的教育理念必然要重塑，否则，会在越来越激烈的竞争中被淘汰。

（三）面临教师角色转变和信息技术应用能力的挑战

高校教师要适应互联网教育模式下自身角色的转变，即从信息的展示者向辅导者、解惑者转变。在翻转课堂模式下，教师先录制好视频，学生课下根据实际情况观看视频，自主学习，课上教师按照学生的问题提供专业的反馈，课堂的主角从教师变成了学生。互联网教育模式下的高等教育对教师提出了更高的要求，要加速适应新型教学模式，提升信息技术教育能力，提升信息技术教学技能。这在一定程度上冲击了教师传统的教学理念。因此，教师要转变教学观念，加速适应以互联网为平台的新型教育模式。

（四）面临更高的新挑战

在互联网覆盖的今天，学习资源具有开放性和丰富性，但良莠不齐，学生要学会在资源中筛选有效信息并理解消化，真正掌握知识。在互联网教育模式下，学生自由选择学习时间及内容，但网络资源可能呈现无序性、重复性，因此要有效利用零碎时间将分散的知识点系统化，构筑知识网，过滤无用信息，掌握核心知识。网络的开放性必然会导致出现更多与学习无关的内容干扰学生的注意力，从而起到反作用，降低学习效率。因此，在互联网模式下，对学生的学习能力、自觉性等提出了更高的要求。

三、对互联网时代下会计教学改革的建议

（一）转变教学理念

目前，应当在会计教学过程中转变传统教学理念，传统会计教学模式虽然发展时间较长，但是不适合学生发展，同时不适应时代发展需求。教师不但“授人以鱼”，而且要“授人以渔”，要促使学生能够独立思考以及自主学习。会计教师需要掌握现代教育技术，针对教学各个环节深入研究，还应当提高自身素养，更新自身知识体系，只有这样，才能够适应时代和社会发展需求。

（二）与互联网企业合作开发互动式产品

目前，在会计教学过程中，高校加强和互联网企业合作，开发师生互动性产品，还可以模拟企业整体经营过程，通过会计电算化使学生在学校体验到企业会计工作模式。除此之外，要加强师生之间的互动，促使学生可以更加主动积极地参与到课堂教学活动中。高校还应当加强教师队伍建设，只有这样，才能切实保障会计教学质量以及教学效果。

（三）推出优质的网络课程

在互联网背景下，学生可以通过使用互联网实现在线课堂学习。教师在互联网背景下，需要将优质会计教学资源转变成为网络教育资源，还要整合教育资源，实现校际深度合作，避免课程资源严重浪费，应当促使优质教育资源实现共享。

第二节　互联网时代会计教学改革的必要性

一、传统高校会计教学模式存在的问题

（一）高校教师队伍方面

1. 教师素质与技术水平无法满足时代要求

目前，高校缺少的是既有较高网络信息技术又有丰富的实际经验与会计技能的教师。一方面，在传统的教学模式下，相当一部分年龄大的教师忽视了对网络信息技术的学习，对于运用计算机处理和解决会计信息问题无从下手。这种问题的存在主要是由于高校对教师的网络信息技术水平要求较低。另一方面，刚博士毕业的年轻教师对网络信息技术掌握得都比较好，但是由于他们直接从高校学习进入另一个高校任教，

大多缺乏会计职业的实践经历，那么教学内容就容易出现纸上谈兵的情况。这种局面下，学生的综合能力与实践能力很难得到全面提升，更不用说创新能力的提高。

2. 教师受传统教学理念的束缚

知识更新速度慢是目前大多数高校会计教师的特点，越是教学资历老、从教时间长的教师越是这样。这一部分人在长时间的教学环境中已经形成了自己的教学模式与思维，原有的教学理念已经在大脑中烙下了深刻的印记。他们对互联网时代信息技术的学习热情不高，或者根本就不愿意改变原有的教学理念，加上高校对教师的要求低，或者没有重视对教师这方面的专门培训，在诸多因素影响下，这一部分教师的知识更新速度较慢。教师的思维在很大程度上会影响学生的思维，教师的知识更新速度慢也会影响学生的知识体系。

3. 教学方法相对落后

目前，许多高校都会提供多媒体教学的硬件设施，但是授课的教师却不能很好地发挥多媒体教学的优势，无法将专业知识与多媒体技术很好地融合在一起。有些教师虽然使用了多媒体技术，但是上课依旧枯燥无味，不能吸引学生，导致教学效果并不理想。究其原因，主要是高校的教学方法还是“讲—听”这种比较被动的方法。如果教师输出的内容、形式不够吸引人，学生接收到的信息在数量及质量上就会或多或少地打折扣。

（二）会计课程方面

1. 教材存在局限性

现阶段我国的高等教育都是以纸质教材为主要的教材类型。虽然这样比较方便上课、管理及阅读，但是也存在一些局限性。纸质教材从编写、排版到印刷出版都需要一定的时间，所以会导致其出版材料与最新的会计内容存在一定的差异性，或者称为滞后性。会计又是一门知识更新速度比较快的学科，所以纸质教材对会计课程的指导效果会受到影响。

2. 课程体系设置不够合理

目前，高校的会计课程大多重理论，轻实践，实践课时占比较低。在众多高校中会计实践课程的业务内容所涉及的行业极为单一，除了主修内容外，学生不能根据就业需要进行分行业的实践内容选修。在实践形式上，仿真程度较低。实践内容缺乏与企业、行政、事业单位等各行业部门之间的联系。会计实践教学需要达到与社会需求对接的效果才行。此外，由于会计学科不是单一学科，它与计算机、法律、统计学等都有十分密切的联系，所以会计专业课程设置不应太过单一，这样容易产生与企业发展不相匹配的现象。

二、互联网时代会计教学改革的必要性

互联网快速发展的情况下，社会对会计人才提出了越来越高的要求。会计人员的社会需求量大，从业人员也较多，竞争自然也是激烈的。会计人才需要不断更新自己的思想，迎合时代发展的需要，努力提高自己的专业素养，为社会发展贡献自己的力量。①

那么，互联网时代下社会需要的是怎样的会计人才？第一，新时代的会计人才需要树立新的会计思维。单纯的记账与管账是传统的会计，这样的模式束缚了会计人员的思维，导致他们缺乏创新，墨守成规。新时代的会计人才要打破原有的传统思维制约，及时更新、扩充自己的会计知识库，掌握新的会计方法，让自己的思维与意识走在时代发展变化的前列，跟上时代发展步伐；需要具备大局意识与科学的发展意识，会计不仅仅是公司与企业的记账员，在某些时候，优秀的会计能从公司的财务中看出公司的潜在问题与未来公司的发展趋势。会计应该树立一种大会计思维，依靠自己的专业知识与对数据的敏感“嗅觉”，帮助公司掌握正确的经济发展方向，更好地保障公司的经济安全与经济效益。第二，复合会计能力是新时代会计人员必备的能力之一。会计人员只具备会计能力是远远不够的，无法适应信息技术在企业财务办公中的大量应用。那么，何谓复合会计能力？复合会计能力就是指既能不管在怎样的情况下都可以尽快投入工作，很好地完成企业安排的各种工作，为企业提供可靠、快速、高质量、有价值的数据；又可以对各种财务软件、大数据计算、计算机网络安全等各种技能操作自如、了如指掌，为企业的财务会计工作的安全顺利进行保驾护航。前者要求的是会计人才的综合实践能力，后者要求的是良好的信息素养。这两点同等重要。

当前，信息网络技术不断发展，很多企业为了实现利用云数据处理企业事务，适应时代发展趋势，对会计人才的要求提高。反观目前的高校会计教育，是否能培养出这样的会计人才呢？答案不容乐观。现阶段高校会计教育往往忽视了与时代接轨，导致不少毕业生的能力，无论是专业能力还是实践能力，都达不到企业的要求。为了保障高校对企业人才的供给质量，势必需要对传统的高校会计教学模式进行革新。

① 丁广华，许景润．浅析“互联网+”对会计教学工作的影响[J]．中文信息，2016（5）：213.

第三节 互联网时代会计教学改革的可行性

一、国际化为会计教学改革提供了方向

互联网时代，信息沟通顺畅，经济更加趋于多元化和全球化，所以要不断发展会计教育的国际化。在会计教育的国际化方面，除了教育形式和培养目标的国际化（英国、美国目前的中低级层次的复合型人才和高级层次的专业性人才发展趋势），在本科院校中目前国际化的关键在双语教学方面（或全英文）。会计的双语教学主要包括教材的国际化、授课和考试主要使用英文、师资的国际化三部分。在英文原版教材的选取上，很多高校存在版本过旧问题，未能及时根据国际变动而更新。在授课方式上，没有完全将外语形式的专业教育与外语语言教育区分开。在师资上过于依赖有限的本校双语教师，而未能发挥外教作用。其实适当以外聘或同国外大学合作的形式引进国外会计专业老师授课，可能会达到更好的效果。现阶段在高职院校中，会计专业课程的双语教学在实施上并不具备现实的可行性，但可以在大学英语的课程中适当加入专业英语的相关内容。

二、信息化建设为会计教学改革奠定了基础

在会计教育的信息化方面，除了在实践教学里对实训信息平台在远程教学和模拟实习平台上的应用，目前国外已经开始普及使用可扩展商业报告语言作为财务报告的主要形式，我国有必要将这一革命性的最新应用扩展到会计教学和科研的各个方面。可扩展商业报告语言是以统一的计算机语言形式和财务信息分类标准为基础的，使财务信息可以跨平台、跨语言，甚至跨会计准则，进行即时的、电脑自动化的上报、搜集和分析的一项信息技术。目前，此技术只应用于我国上市公司在上交所和深交所两个证券交易所的网站上，其他各方面的应用较国外（如美国的强制 Edgar-online 财务报告系统和英国的强制性税务报告形式等）还是比较落后的。我国的会计信息化教育可以此为重点，抓住当前的机遇，满足时代的要求。

三、专业化和实用性为会计教育改革提供了途径

随着社会竞争日益激烈，高等学校学生在就业方面与研究生或更高级别的研究者

相比，在理论知识的掌握上并不具有优势，而高校更倾向于对学生专业技术能力的培养，使学生能够具备较高的实践能力，依靠娴熟的业务技能来达到胜任工作岗位的目的。从这个角度来看，无论是社会发展的大方向还是用人单位的实际要求都对会计专业的学生在专业性方面提出了越来越高的要求，为了满足社会对会计专业学生的用人需要，会计专业在发展的过程中也就自然出现了专业性发展趋势逐渐加强的特点。

高等院校对学生的培养方向是针对某一社会岗位和用人单位的需求而定的，这也就是为什么高校在教育教学过程中都会尽最大可能为学生提供实践和模拟的机会。毕竟纸上谈兵式的会计教学是没有太多意义和价值的。从现实条件来看，通常用人单位不愿意利用大量的人力与物力去为会计专业学生本应在高等院校获得的能力进行买单。因此，在高校会计专业的发展方向上来看，会计专业的教学越来越具有实用性倾向。

四、合理性发展为会计教育改革确立了目标

高等院校在对会计专业学生进行培养的过程中，也开始意识到对学生进行综合性能力培养的重要性。对于会计专业来说，仅仅对学生进行理论知识培养、实务操作能力培养是远远不够的，对学生进行会计法规、经济法规、职业道德、终身教育意识等的培养是不可或缺的。因此，现阶段高校会计专业学生培养的综合性正在不断加强。

第四节　互联网时代会计教学改革路径和目标

一、互联网时代会计教学改革路径

（一）优化会计教材

会计法规及准则的发展与快速更新使传统纸质教材的内容存在一定的滞后性。在互联网信息时代，财务会计工作对从业人员的知识结构、职业技能、综合能力等都提出新的要求，而缺乏互联网信息时代需求的传统教材就与互联网信息时代会计人才的培养目标不相适应了。因此，会计专业相关教材可以从内容与形式两方面进行优化与改革。

在教材内容上，会计专业教材需要结合互联网环境下行业的模式变革与技术变革，重新构建专业教材的内容体系。在会计准则与会计法规规定的会计处理政策与方

法下，教材应该增加互联网信息技术环境下创新型处理方式等内容，即应该包括以下两方面内容：一是会计处理政策与方法；二是“互联网 + 会计”的新型处理方式与应用。

在人工智能的影响下，凭证编制、记账、编制标准财务报表等系列的简单重复性的工作未来将会在一定程度上由财务机器人代劳，会计人员需要做的将主要是管理、分析、预策等方面的工作。现阶段会计从业人员正处在向管理型会计人才转型的关键阶段。然而传统的财务会计教材的内容基本上都是教学习者如何完成会计核算职能，而对转型来说越来越重要的拓展职能（预测经济前景、参与经济决策、评价经营业绩）该如何履行却涉及较少，且深度不够。因此，会计教材的优化必须考虑未来职业技能的需要，为培养管理型的会计人才进行教材体系与教材内容的改革。

在教材形式上，为解决纸质教材内容更新上存在滞后性的问题，在保存纸质教材的同时，各高校还应该加强电子教材的开发。电子教材除了内容更新方便、迅速之外，还可以在内容呈现形式上做到多媒体化。另外，电子教材更便于应用到“互联网 + 教育”的教育模式中。

（二）以现代信息技术推进会计课堂教学

长期以来，会计课堂教学主要以教师为主，采用传统的教学方式进行教学，这种教学所取得效果并不理想，学生的专业能力与学习能力得不到提升。互联网时代，现代信息技术的运用越来越普遍，为会计教学提供了可选择的手段。在开展会计教学的过程中，教师应当善于利用现代信息技术，比如，利用现代信息技术构建一些虚拟的空间，如办公室、税务局、银行等，进行仿真教学，从而更好地培养学生的职业能力。另外，教师还可以利用多媒体资源，对课堂教学内容进行衍生和补充，更好地帮助学生理解和掌握会计理论，培养学生的自主学习能力。

（三）注重学生大数据意识的培养

互联网时代，大数据、云计算的应用越来越广泛，使原本冗杂的数据能通过数据技术挖掘出有价值的数据，而这些数据可以为企业的发展提供科学参考。互联网时代，会计行业中，大数据、云技术运用已成必然，基于这种必然趋势，在会计教学中，教师必须重视学生大数据意识的培养，提高学生大数据分析和处理能力，进而培养出符合社会发展需要的会计专业人才。

（四）打造“新双师型”教师队伍

目前，人们对双师型教师的认定大多以“双职称型”为认定标准，即教师除了获得教师系列职称外，还需要取得另一专业职称。除此之外，还有“双素质型”的认定标准，即教师既要具备理论教学的素质，也应具备实践教学的素质。当然也可以采用“双职称 + 双素质”的综合认定标准。但互联网信息时代下的双师型教师的认定标准不应局限于上述标准。互联网信息技术日新月异的发展带来的是应用技术的不断变革、行业规则与业务模式的创新。高校教育特别是高职院校的职业教育必须紧跟改革与创新的步伐，将最新、最前沿的知识传授给学生。这就需要在双师型教师的培养标准与方式上进行创新。就会计专业教师而言，会计专业知识与信息技术方面的知识存在较强的跨界性，会计专业教师要掌握信息技术应用方面的知识，将自己培养成“互联网 + 会计”的综合型双师型教师，最好的培养途径就是采用产教融合与校企业合作的方式，通过技术培训与教师上岗实践的方法，会计专业教师接触并掌握互联网信息技术在现代企业与财务会计领域的应用，从而打造一支“新双师型”教师队伍。

（五）打造“互联网 + 会计”的实践课

在会计教学中，教师应改变教学观念，有针对性地开展会计实践观摩课，提升会计专业学生对互联网的感性认知，直观地展现互联网对会计专业的影响力，在培养学生的学习兴趣的同时拓展学生的知识面。[①] 例如，通过让学生观摩某企业的联网会计工作系统、在学校机房模拟某公司会计系统操作流程进行简单的操作训练、请本单位与财务相关的管理人员提供资料或者直接展示可以展示的部分“互联网 + 会计”实质内容等形式，开展会计实践课，以此加深学生对“互联网 +”在会计专业中应用的印象。

（六）帮助学生建立网络会计账本、生成在线财务概念

目前，社会上网络会计通过软件在线生成财务报告文件的最初出发点和最终落脚点是为使用者提供财务信息，帮助使用者进行相应的决策。在线生成的财务报告需要及时更新，只有全面结合自动化、智能化和集中化的信息处理方式，才能使使用者的要求得到最大限度的满足，为科学决策提供强有力的支持。教师要在教学中传授网络会计概念，帮助学生掌握“互联网 + 会计”的专业理论。

二、互联网时代会计教学改革目标

（一）会计人员管理化

会计管理工作是企业管理中的重点工作项目，而在互联网时代，开放性、交互性的网络特点为管理工作带来了很大的挑战。因此，需要会计人员具备优秀的管理能

① 王超．试析“互联网 +”教育背景下的成本会计教学改革 [J]. 纳税，2019，13（30）：53-54.

力，利用财务会计知识，提升企业管理水平，从而促进企业发展。此外，会计行业为了适应互联网的环境，逐步提高管理水平，以提高服务水平，企业对会计工作的理解也逐渐由基础的账目核算转化为使企业利润最大化的决策工作。因此，也需要会计人员具备财务核算及管理技能。

（二）会计人员信息化

移动互联网时代的到来推动着云计算、信息录入系统等高科技的应用，原有的会计系统也将转化为以互联网为基础，由专业的服务终端提供的系统，且其中包含会计核算、财务管理等功能。这也表明，计算机等高科技数码终端将会成为会计工作的主要工具。因此，需要会计人才在具备专业能力的同时，还要了解计算机及局域网络应用方面的知识，能够轻松运用网络平台进行工作。此外，会计人员还要掌握相关网络管理技能，确保计算工作在一个安全、稳定的环境进行。

（三）会计人员国际化

互联网时代的到来对传统进行了一次颠覆，一成不变、中规中矩不再是万全之道，特别是对会计而言，计算机系统的“野心”已初现端倪，如果再以不变应万变，恐怕最后的结果只能是被淘汰。此外，世界经济的密切联系也要求会计从业人员开阔眼界，学习多种语言。涉外会计人员在企业的发展中占据着重要的位置，关系着企业的发展，因此成为企业急需的应用型人才。而目前我国涉外会计人员数目较少，供不应求，相关专业毕业生无法胜任国际化企业会计一职，不仅浪费了国内优秀会计人才，还制约我国企业国际化发展。因此，会计人员需要精通一门外语及相关国际会计规则，并能将其应用到经济管理中，成为国际化会计人员，加强国内外企业交流沟通。

第四章　互联网时代会计教学改革的资源支持

第一节　政策资源支持

一、“互联网 + 教育”政策的推行

“互联网 + 教育”是随着当今科学技术的不断发展，互联网科技与教育领域相结合的一种新的教育形式。信息化技术已经渗透到社会的各个方面。在教育领域中，一场信息化的颠覆性变革正悄悄地发生着。在现代信息社会，互联网具有高效、快捷、方便传播的特点，在学生的学习和生活中发挥着不可替代的重要作用，并成为学生学习的好帮手。①

2018 年，首个获批的“互联网 + 教育”示范区——宁夏“互联网 + 教育”示范区正式启动建设工作，在 5 年建设期内多措并举，实现在教育资源共享、创新素养教育、教师队伍建设、学校党建思政和现代教育治理五个方面引领示范，形成一批可复制、可推广的“互联网 + 教育”模式。

为满足群众教育服务需求，推动优质教育资源共享，更好地惠及边远贫困地区，增进教育公平，2019 年 8 月 28 日召开的国务院常务会议决定，推进“互联网 + 教育”，加快建设教育专网。会议确定：一是推进“互联网 + 教育”，鼓励符合条件的各类主体发展在线教育，为职业培训、技能提升搭建普惠开放的新平台。二是加快建设教育专网，到 2022 年实现所有学校接入快速、稳定的互联网。支持面向深度贫困地区开发内容丰富的在线教育资源。三是强化监管，切实保护群众权益。

《中国教育现代化 2035》等政策文件作出一系列部署和要求，将以“互联网 +”为主要特征的教育信息化作为教育系统性变革的内生变量，支撑引领教育现代化发

① 王晗．互联网时代我国高校会计专业人才培养模式研究 [J]. 现代营销（信息版），2019（12）：209-210.

展，推动面向信息社会的教育理念更新、模式变革、体系重构。

二、新会计准则对会计教学方法改革的影响

新会计准则是指财政部发布的《企业会计准则》，于 2007 年 1 月 1 日起施行。通常被称为“新会计准则”。之前执行的《企业会计制度》和企业会计准则一般称为“旧会计准则”。新会计准则体系包括 1 个基本准则，41 项具体准则，32 项应用指南，若干准则解释和补充规定。2014 年 7 月，财政部对基本准则和具体准则进行了修改，并新增了 3 项具体准则。现阶段，关于会计教学和会计从业人员的主要政策为新会计准则。新会计准则的出现是我国企业会计制度的重大变革，给我国会计行业带来了巨大的转变。它打破了会计人员传统的思维习惯，用统一、系统规定规范会计计量问题，全面引入公允价值的计量属性。新会计准则对会计人员提出了新的要求，它要求会计人员具有更高的职业判断能力。新会计准则改革内容和对会计人员的新要求必将对现有会计学教学方法产生巨大的冲击，要求转变会计学教学方法，以适应新会计准则的要求，提升教学效果和质量，提升学生的社会竞争力，以应对日益严峻的就业形势。

首先，新会计准则的实施对会计专业教师有一定的影响。新会计准则的发布与实施对会计专业教师的教学方法提出了更高的要求。需要教师及时更新会计教学理念，改进现行教学方法，注重实践教学环节，培养学生独立自学的能力与创新意识，促进学生的个性发展，提高学生解决实际问题的能力，加强会计职业道德教育，完善会计职业判断。会计专业教师在教学的过程中，要不断改进自己的教学方法，以适应教学与实践的需要。由于新会计准则内容多、观念新、难度大，对会计教师来说，将新会计准则应用到实际教学过程中，需要会计专业教师在教学方法上有所突破，采取多种教育手段与教育方法，改变原有的单一的教学模式，让学生成为课堂的主人，调动学生的积极性，激发学生的学习热情，最大限度地减少学生对会计知识的厌烦心理。对于一些晦涩难懂的会计专业知识，教师通过各种全新的教学模式，为学生构建发展自我的平台。依据新会计准则的内容，讲究以原则为依据，允许会计人员根据自己的职业判断进行处理，渐渐引导学生形成自己的职业判断。

其次，新会计准则的实施对学生动手能力有一定的影响。一个合格的会计人员的职业判断能力是通过长期的实践获得的，但是在目前的会计专业教学过程中，偏重理论知识的讲解，学生的实践能力得不到锻炼。此外，在会计专业的学习过程中，手工模拟实习与会计电算化实习相脱节，学生很难将这两部分进行融合。而且学生的会

计实践实习流于形式，学生根本不能学到真正的会计实践知识，实习也就很难取得成效。如果依旧依靠以前传统的会计教学模式，学生根本无法提高职业判断能力，自身的职业应变能力也不能得到提升，很难适应新会计准则对会计人员职业判断能力的要求。所以，针对这一现状，会计专业教师要为学生创设民主、和谐的教学氛围，充分调动学生的能动性，扩展思维，将课本与实际相结合，学以致用，理论与实践相统一，锻炼学生的动手动脑能力。

最后，新会计准则的实施对学生专业素养的培养有一定的影响。新会计准则要求会计人员具有职业判断能力，这一点就要求在会计专业教学的过程中，重视会计人员的专业素养、职业道德。所谓会计职业道德，就是调整会计职业关系的职业行为准则和规范。通过在会计职业活动中利用各种利益关系手段来维护经济利益关系，保证正常的经济秩序。但是目前，会计专业教师在教学过程中，并没有重视学生专业素养的培养。因此，需要教育工作者采用多元化的创新性教学模式，培养学生自主学习的意识与能力，引导学生树立正确的世界观、人生观和价值观，促进其全面发展，尊重学生的个性，使其成为实用性创新人才。① 在培养学生专业素质的同时，培养其创新精神，激发学生的求异思维，以适应新会计准则对会计人员的要求。

三、新会计准则背景下会计教学的完善

（一）培养学生的职业决断能力

会计教学的目的不仅是将学生培养成具备丰富会计知识和操作能力的会计专业人才，更重视将学生培养成具有良好职业素质的会计专业人才。依照此要求，在学生接触会计专业知识阶段就应重视培养学生的职业判断意识和能力，并将培养学生的职业判断能力贯穿其学习会计知识的全过程。因而，会计专业教师要让学生了解进行会计职业判断给学生带来的有利影响，让学生弄清未来会计发展趋势。随着市场环境的变化，会计制度必然从“一包到底”的状况向提供确认、计量会计要素标准方向发展，排斥判断、崇尚统一观念也必将发生革命性变化。

（二）改进教学方法

学生的职业判断能力是建立在扎实的会计专业知识基础上的，因而要丰富专业知识内容。在丰富专业知识内容的同时更应重视学生综合能力和综合素质的培养，以厚基础、宽口径的原则为指导，不断完善课程体系。厚基础是指调整课程之间的主次关系以及课

① 李定清，曾林．高校会计教学范式改革研究［M］．成都：西南交通大学出版社，2013：48.

程设置量，重视基础课程设置，让学生的逻辑思维和分析问题的能力得到更多培养和锻炼的机会。宽口径除了是指会计专业课程外，还应开设经济、管理、金融等课程，拓展学生的知识面，提升学生实际处理会计业务的能力。改革传统单向灌输式教学，多使用启发式教学和问题教学，促进学生思维发展以及解决实际问题的能力和创新能力的提升。

（三）重视实践教学环节

会计人员的职业判断能力需要会计人员通过处理大量会计业务来巩固和提高。会计教学要提高学生的职业判断能力，就必须让学生获得更多的实践机会。因此，首先要改革会计模拟实习中的会计档案资料，依据会计工作岗位模拟业务现场，改变实习方式。教师可以在分章节、分阶段进行试验和能力考核的基础上，通过角色扮演方式让学生扮演会计部门的角色，加深学生对岗位的认识。学校可通过与企业合作的方式让学生进入企业实习，将学生置于动态的学习、实践过程，使学生在实践过程中提高对理论知识的感性认识，鼓励学生假期进行社会调查，了解行业、单位的会计核算实际情况。

（四）重视专业素质教育

重视学生的专业素质教育，尤其是学生的法制和职业道德教育。专业知识是职业判断的必要条件，而法制和职业道德素质是学生提高职业判断能力的重要保障。只有具备良好的专业素质，会计人员才会按照会计准则去确认、审核和计量会计要素，才能提供真实、准确的会计信息。在会计教学中，重要的是让学生了解当前经济是市场经济，也是诚信和道德经济，更是法治经济，让学生明白职业操守对形成会计人格和最终形成会计人的重要性。

第二节　信息资源支持

一、现代信息技术背景下改革会计专业课程设置

当今世界正在向信息时代迈进，信息已经成为社会经济发展的“血液”“润滑剂”。现代信息技术改变着人们的生活、学习和工作。随着现代信息技术的发展，教育也在与时俱进。教育突破了传统的时空限制，并且变得更为开放和全面，同时素质教育和创新教育也较之前有了很大的发展，促进了教学改革。如今，计算机通信技术快速发展，会计课程教学要适应当今时代发展，而会计信息与生产信息、经营信息在很大程度上已融为一体，因此在设置会计课程时，必须考虑网络环境下处理会计信息

的需要，研究探讨新的会计课程体系。[①]会计专业课程的设置要尽可能与管理学、经济学和现代网络信息技术有机结合，会计教学中应增加与信息技术相关的课程，如“现代信息技术”“网络环境会计核算与控制”“管理信息系统”“电子商务与会计”等课程，使学生在掌握传统会计核算原理的基础上，了解现代信息技术背景下的会计发展，具备应用现代信息技术处理会计信息的能力。

二、会计教育信息化背景下会计教学的创新

（一）会计信息化的含义

会计信息化使会计工作更多地利用现代信息技术高速发展的成果，也深刻地影响和改变着会计的基本理论体系和方法、会计基础教育和高等教育、会计和财经法规、政府对会计工作的组织、会计人员的管理和培训等。

（二）进行会计教育信息化的必要性

信息技术的广泛使用为社会的发展提供了良好的动力，信息技术手段的使用也不断地推动着会计行业朝着更为公平的方向发展，特别是在当前繁荣的社会主义市场经济条件下，信息化对会计教育的影响变得尤为重要。

1. 传统的教育培养方式不能够满足信息化时代对会计人员的要求

随着信息技术的普及，过去老式的会计教学模式已经不能与时代发展相适应，传统的会计教学已经不能满足培养新时代人才的需求。在教学模式方面的创新已经成为教学改革研究的重点任务。为了不断提升教学效果，进行会计改革是尤为重要的。

2. 信息化、应用型、创新型人才需求对教育信息化的推动

我国是世界上的人口第一大国，人口的素质不高严重地制约了我国的发展，面临这样的情况，培养能够适应时代发展的新型人才尤为重要。在激烈的市场竞争条件下，只有符合时代需求的高素质人才，才能够在时代的竞争中展现出更为强大的竞争力。

3. 新型教育设施的使用促进会计教学模式改革

在不断改良的教学环境下，原有的教学环境已经不能适应新的教学发展需求。信息化教学能够为会计教学提供多样化的手段，并与新的教学理念相适应。新型的会计教学设施能够使学生更快地适应新时代对会计人员的要求，有利于学生实际操作业务能力的提升。

---

① 朱凌华．会计教学与信息技术的应用研究[J]. 林区教学，2016（12）：15-16.

（三）会计教育的信息化创新

1. 教学理念信息化

信息化时代对各种行业的要求在不断提高，传统的会计行业已经不能完全适应新时代的发展需求，需要不断地做出相应的革新，进行全面的改革，使教学模式能够迎合时代发展的要求，满足新时代对人才的需求。信息化的教育能够为会计教学提高丰富的资源，有利于学生自主探究和教师教学。信息化教学也有助于学生理解和掌握会计知识、技能。教师在教学过程中应该以引导为主，帮助学生解决在学习过程中面临的疑难问题。

2. 教学模式手段信息化

首先，要对传统的课堂进行优化，在教学过程中应该将信息化知识的运用作为首要的目标，以此增强学生的信息知识和计算机知识运用能力，使其对会计知识能够有深刻的理解。同时，要在专业技能培养过程中，加入会计信息化实践课程，使学生在实践中加深对知识的理解，以明确学习的方向。

3. 创新会计教学模式

随着教育信息化的不断推进，现代信息技术对传统的会计教学模式带来了冲击，传统的会计教学模式已经不能满足现代会计教学的要求。这就要求我们必须加快会计教学模式的创新，应用现代信息技术和新的教学模式，使传统的埋头苦学式的学习方法被新型的团队式的学习方式替代，使传统的课堂教学形式被新型的个人探索的形式所替代，使传统的教学内容被瞬息万变的最新内容替代。

现代多媒体技术的发展使交互探讨教学成为可能。交互探讨教学模式是教师利用计算机网络技术和会计教学软件，达到教师和学生进行双向交流的教学目的。例如，在会计信息化实验室中，教师可以利用计算机网络的同步和异步双向传递功能进行教学。这样，学生可以通过计算机向教师提出问题，教师可以在自己的主机上回答学生提出的问题并指导学生解决问题；教师既可以对学生进行单独辅导，也可以对一组学生进行集体辅导；教师还可以把某个学生的作业放在网上供大家集体学习。总之，交互式教学的关键是教与学的互动，如果学生只是信息和知识的被动接受者，而不能主动参与其中，这样的教学过程是枯燥的，也无法达到预期的教学效果。

4. 改革教育内容和教育体系

在信息化时代，会计人员需要不断地提升自己的专业技能，因此会计教育的内容也应该随着时代的发展而不断变化。在信息化的教育中，我们希望学生能够通过信息化来不断地提升自身的专业技能，让其具有信息化的职业技能。教师应该对传统的会计教学理论进行适度的扩展，让学生在信息化的过程中认识到信息化专业知识的重要性。

三、基于现代化教学手段提升会计教学效果

应用计算机网络技术的教学平台系统、智能辅导系统开展教学，将带来教学手段的变革，大大提升教学效果。

（一）开发多媒体辅助教学系统，提升会计教学效果

在传统的教学方式下，有许多会计问题因数据量过大、业务处理过程繁杂以及教学时间的限制，无法采用手工的方式在课堂上解决。因此，完整的会计实例教学往往流于形式，教学内容常常只是讲授会计原理。利用多媒体课件和会计教学软件等进行辅助教学，可以将传统教学方式下难以表达的会计理论、会计方法和会计实务引入课堂，显著地提升教学效果，激发学生的学习兴趣和学习主动性。

（二）发展网络学习系统，拓展会计教学时空

利用网络系统可以为学生提供一个模拟的会计实验环境，让学生在局域网上进行有关信息检索、信息搜集以及信息处理的实验。例如，可以将一些商品化会计软件，如用友财务及企业管理软件 M8.X、用友 U8 系列、金蝶 2000 系列等，嵌挂在学校的局域网上，根据网站的实验案例库所提供的实验案例数据，由学生完成账务处理、编制会计报表、财务分析、工资核算、固定资产核算、存货系统核算等多项会计实验操作。学生完成实验后，要将实验账务数据传回实验作业库中，由教师进行评价。这样，学生利用会计实验软件系统进行反复实习，可以进一步加深对会计核算基本原理的理解，亲身体验会计核算方法的具体应用和会计数据处理的全过程，还可以在计算机网络环境中完成教师布置的会计核算作业，将所学的会计理论知识与会计实务进行有机结合，最终形成会计职业能力。

四、基于现代信息技术的要求加强学生能力的培养

适应现代信息技术的要求，加强学生能力的培养包括以下几个方面的内容。

（一）学生信息技术应用能力的培养

现代社会步入网络经济时代，越来越多的企事业单位正在逐步构建内部管理信息系统，而会计信息系统是管理信息系统中的一个核心子系统。这就要求所培养的会计人才应该具备熟练地应用计算机网络技术的能力。所以，应该加强计算机网络知识的教学，开设更多的计算机应用，电脑网络使用、维护、设计等相关课程，丰富学生的

计算机网络知识，提高学生的网络技术应用能力。

（二）学生信息检索能力的培养

在网络信息时代，大量信息在给人们带来方便的同时，也带来了信息量过大、信息不对称、信息安全等一系列问题。在扑面而来的大量信息中及时发现有用的信息，是未来会计人才必备的基本技能。因此，在信息技术日益普及的环境下，高等教育在增强学生信息意识的同时，应重视培养学生的信息获取能力，使学生能够利用各种网络数据库、光盘数据库和图书馆信息资源，有效地获取本学科领域内的相关信息以及有关社会生产所需的各类信息。这就要把现代信息检索技术、数据库管理和信息分析技术等数据开采、发现的技能和方法传授给学生，提高学生的信息检索能力。

（三）学生自我学习能力的培养

在知识爆炸的时代，新的知识不断涌现，新型会计人才必须具备不断更新自我学识的能力。世界注册会计师协会已经把通过互联网进行的在线教育列为注册会计师后续教学的主要手段。“终身教育”“自我教育”已不再是一句空话，而是会计人才适应社会需求、自我提高的基本手段。因此，现行的会计教学必须兼顾传播知识、技能和培养未来自学能力的双重任务，使学生逐步适应网络时代最为广泛的“在线教育”模式，让学生具备利用网络更新知识、实现自我教育的能力。

（四）学生创新能力的培养

要在教学活动中培养学生的创新能力，就要充分尊重学生的主体地位，发挥学生在学习过程中的自觉性、自主性和创造性，不断提高学生的主体意识和创造能力，最终将学生培养成能够进行自我教育的社会主体。培养会计专业学生的创新能力，应该加强会计网络教学体系建设，主要包括以下几个方面的内容：①资源库的建设，包括建设网络会计课件（积件、智能学件）库、网上会计案例库、上市公司数据库以及考试试题库等；②支持平台的建设，向教师提供上载下载素材、课件的界面，向学生提供下载学习资料的界面；③应用系统的建设，向师生提供用于会计教学的资源，包括保证安全的身份验证、课件点播的交互式界面等。此外，网上会计信息资料要及时补充与更新，使学生能够方便地查询和下载最新的学习资料。

五、基于现代信息技术的要求提升教师信息化素养

教师素质直接制约着教学的效果与质量，要培养出能够适应信息技术发展的高素质会计人才，必须全面提高会计教师队伍的素质。会计教师除了需要掌握新的会计理论和方法，具有独立思考、独立教学的能力之外，还需要提高运用信息技术的能力，

熟练应用计算机网络技术，方便快速地查询最新的科技资料和各种法规制度，及时更新教案，合作开发与使用计算机多媒体教学资源，进行课程资源建设，开展课堂互动教学，不断提高自身的业务素质和信息化水平。

六、会计教学课堂中应用微资源

随着我国信息技术和互联网技术的不断发展，高等教育的教学手段和教学方式都发生了巨大的改变，微资源在教学中得到了广泛的应用。将微资源充分应用到会计课堂教学过程中，可以不断丰富课堂教学手段和教学工具，取得良好的教学效果，还能提高各种资源的利用效率，使整个课堂更加具有感染力。[①]

（一）微资源在会计教学中的应用优势

1. 实现会计教学的信息化教学

近年来，随着我国各种信息技术和互联网技术的不断发展，在教学中应该充分利用各种信息资源。在会计教学过程中充分使用微资源，可以实现会计教学的信息化教学。在会计教学过程中，应该考虑到会计的操作隐秘性和保密性，信息化教学是非常重要的。在传统教学过程中，教师单纯采用理论教学是远远不够的，只有借助先进的多媒体技术和平台等，才能真正提高学生的实践操作能力。

2. 丰富教学资源，实现资源的再利用

教学过程中，教师面对的是全班学生，而在全班学生中，不同学生的学习能力是不一样的。课堂教学中，如果学生对教师的课堂教学内容并没有完全掌握，或者学生由于生病等原因请假而没有参与到课堂教学中，就可以利用课余时间学习课堂知识。充分利用各种微资源，学生在课余时间就可以对教师在教学过程中提出的问题和讲解的知识点进行回顾，置身于真实课堂中，从而实现课堂资源的再利用。

3. 帮助学生构建知识模型

微资源是一种时间较短但是内容非常丰富的学习资源，通过微资源进行会计知识教学，可以将各种各样的学习资源整合到一个视频或者界面上，将课程知识点和内容通过有趣的形式展现在学生面前，大大节约了教学时间。另外，教师采用微资源进行会计教学的过程中，可以将微资源传输到学校的学习网站平台上，学生在课余时间可以通过互联网等登录学校的学习平台，然后找到相应教师上传到平台上的学习资源进行学习，使学习不受时间和空间的限制，使教学时间和空间得到有效拓展。

---

① 许琳．浅谈会计信息化对会计教学的影响[J]．商业文化月刊，2012（11）：56-58.

（二）微资源在会计课堂教学中的应用措施

1. 选择合适的教学内容进行微资源教学

在会计课堂教学过程中，充分利用微资源进行教学。微资源是会计教学的一种补充和延续，并不是会计教学的一种缩影，教师在教学过程中应该明确这两者的关系，做到分工明确。虽然将微资源应用到会计教学过程中具有多种优势，无论是在教学效果上还是在教学方式上都得到了改善，但是并不是所有教学内容都适合采用微资源进行教学的，对于不适合微资源教学的内容，如果采用微资源进行教学，不仅不能充分发挥微资源的作用和优势，甚至还会适得其反，使整个课堂教学质量下降。在讲解操作性比较强的教学内容的时候，通过微资源的教学方式，可以提高学生对知识点的学习兴趣，让学生积极主动地参与到教学过程中，从而提高学生的会计学习成绩。

2. 科学、合理地制定微资源教学项目

教师在采用微资源进行教学的过程中，制定合适的微资源教学项目是非常重要的。教师在采用微资源进行教学的时候，首先应该制作一个合理、科学的微资源，应该明确教学目标，根据教学目标进行微资源设计，应该保障微资源中不能留有空白。教师可以用录制视频的方式授课，利用这种模式和多媒体教学模式有一定的相似性。教师应该充分利用不同的素材充实微资源，只有选取了合适的素材，才能使整个微资源讲授的内容更加充实，并且微资源呈现的内容更加形象，可以有效激发学生的学习兴趣。

3. 进行多元化的微资源教学

会计课程教学本身就具有较强的实践性和理论性，会计知识本身就非常丰富，在教学过程中更不应该局限于课本上的有限知识。会计教学过程中，知识点之间的关联非常紧密，所有知识点都是环环相扣的，学生在学习过程中对于任何一个知识点都不能遗漏。在会计教学过程中充分利用各种微资源，也应该进行多元化教学，不能仅局限于某一种方式或者固定的教学方式。

第三节　服务资源支持

一、会计专业教学与服务资源库的建设内容

（一）专业背景

专业背景反映专业的整体情况，包括专业调研报告、职业岗位工作任务分析表、

专业标准、专业课程体系、专业人才培养方案等内容。

（二）资源中心建设

资源中心包括一切可用于专业教育教学的物质条件、自然条件、社会条件以及媒体条件，是专业教学材料与信息的来源，分专业课程中心、实训实验中心、技能认证中心、专业素材中心和服务交流中心。

1. 专业课程中心

专业课程中心的建设要具体到每门专业课程的建设，专业课程包括“基础会计”“经济法”“初级会计实务”等考证课程，以及服务于不同会计岗位的“出纳实务”“成本会计”“纳税实务”等岗位课程。课程建设主要包括以下 9 类要素：课程标准；电子教材；电子教案；教学课件；配套习题；教学案例；授课视频；业务操作平台；具体业务的动画、视频演示。

2. 实训实验中心

实训中心是实训教学的实践训练场所。其基本功能是完成实训教学与职业素质训导、职业技能训练与鉴定的任务，并逐步发展为培养高等教育人才的实践教学、职业技能培训、鉴定和高新技术推广应用的重要基地。实训中心应包括两个方面：校内实训和校外实训。实训中心是为专业实训项目服务的，分设常规实训室、虚拟实训室和 ERP 电子沙盘实训室三个模块。

（1）常规实验室：常规实训室以学校现有的各个实训室为单元进行建设，建设内容紧紧围绕实训项目内容及实训实验教学环节而展开，全面支持教师的教与学生的学，注重学生专业技能的高效提高。常规实训室一方面为在校师生的实训实验教学提供网上服务平台，促进学生专业技能的提高；另一方面面向社会开放，成为高技能人才培养基地，成为社会人员终身学习、可持续性学习的公共服务平台。常规实训室的建设包括以下要素：实训项目资料、实训测试题、实训室配套的仪器设备图片、仪器设备使用视频等。

（2）虚拟实训室：虚拟实训室是包括会计职业场景、岗位设置、岗位工作任务、操作角色在内的 3D 虚拟实训系统。学习者可以选择不同岗位进入系统，按照工作流程完成各项典型工作任务。该系统通过角色转换、上岗操作、业务路线选择、签章等功能，实现融职业认知、职业判断、业务处理、实务操作、评价反馈、教学管理为一体的实训教学功能。虚拟实训室的建设包括以下要素：虚拟实训项目、虚拟实训项目操作手册、虚拟实训素材、仿真练习系统、使用说明等。

（3）ERP 电子沙盘实训室：ERP 模拟沙盘是针对先进的现代企业经营与管理技术

ERP（企业资源计划系统），设计的角色体验的实验平台。模拟沙盘按照制造企业的职能部门划分了职能中心，包括营销与规划中心、生产中心、物流中心和财务中心。①

ERP 电子沙盘实训室是模拟企业实际运行状况，将企业整体战略、产品研发、生产、市场、销售、财务管理、团队协作等多个方面结合，让学生体验完整的企业经营过程，感受企业发展的典型历程，感悟正确的经营思路和管理理念。

（三）技能认证中心

技能认证中心是为提高在校学生以及社会会计人员的专业技能服务的，包括技能过关、技能竞赛、技能证书三个模块。

1. 技能过关

技能过关模块主要用于第 2 学期至第 5 学期进行的“分段式”职业基本技能训练和考核。其主要内容有第 2 学期的“出纳技能过关”、第 3 学期的“会计基本技能过关”、第 4 学期的“岗位综合技能过关”、第 5 学期的“真账操作过关”。每项技能需要建设的要素有技能介绍、技能要点、技能演示视频、技能评价标准、技能过关测试系统等。

2. 技能竞赛

技能竞赛模块围绕各项专业技能竞赛建设，分设职业道德知识竞赛、点钞竞赛、账务处理技能竞赛、纳税实务知识竞赛、财务会计知识竞赛等竞赛项目。每项竞赛的建设要素包括赛制项目介绍、竞赛规则、竞赛工具图片及使用说明、竞赛题库、网上竞赛平台等。

3. 技能证书

技能证书模块是为会计考证服务的，分会计从业资格考试和助理会计师考试两个建设项目，每个项目的建设要素包括考试介绍、考试大纲、在线课堂、练习题库、模拟考场、考试热点信息等。

（四）专业素材中心

专业素材中心是为了增强专业学习的形象性和生动性，拓展专业知识、汇集的原始材料，分设图片库、文档库、视频库和动画库。

首先，图片库以一些形象的图片展示会计工作用品、用具，包括各式会计凭证、账簿和报表的图片，以及保险柜、点钞机、验钞机、算盘、计算器等财会用具的图片。

其次，文档库是与会计职业相关的一系列文档，包括各种会计法律、法规、规章

---

① 张群．教育信息化背景下成人会计教育改革研究[J]．现代国企研究，2018（24）：98.

的电子文档，以及相关文献资料的电子文档。

再次，视频库以视频的形式生动展示会计工作的流程和方法，包括典型业务操作方法的视频演示。

最后，动画库以动画的形式展现各项会计工作程序，包括典型业务经办流程的动画演示。

（五）服务交流中心

服务交流中心分设会计信息公告、在线会计服务、财务管理咨询和财会论坛。

1. 会计信息公告是公布最新的会计考试、会计培训、法规准则等通知，使用户及时获取相关信息，及时更新业务知识。

2. 在线会计服务是通过在线传递会计信息，为企业提供网上会计业务处理与财务分析、网上纳税申报等服务。

3. 财务管理咨询是为企业的财务管理提供咨询等服务，不断提高专业服务能力。

4. 财会论坛是建立一个网络交流平台，加强与校外、省外以及国外的信息交流和互利合作。

（六）平台建设

1. 成型平台（从业能力）

这是进入会计职业的入门平台。此平台的教学目标与职业标准是达到会计从业技能基本标准。这一标准对应两种不同的学习者：一是高校在校生读完一年级应该达到的专业标准；二是社会人员从事会计基础工作的标准。核心课程是《会计学基础》《出纳实务》《会计基础实训》。

2. 成业平台（初级能力）

这是会计从业人员获得初级会计专业能力的技术平台。此平台的教学目标与职业标准是达到初级会计专业技术资格标准。这一标准将高校二年级的培养目标确定在初级会计专业技术资格（助理会计师）层次，实现高校阶段教学目标与助理会计师证书标准的融合，为学生参加会计专业技术资格考试提供条件。该平台针对应两种不同的学习者：一是高校在校生读完二年级应该达到的标准；二是社会在职人员参加初级会计专业技术资格考试的标准。核心课程是《初级会计实务》《初级经济师》《政府会计实务》《成本计算》《税费计算与申报》《会计信息化》《初级会计实训》。

3. 成才平台（中级能力）

此平台为会计人员提供了发展空间，这是会计从业人员达到履行中级会计专业技术职务的技术平台，也是高校毕业生从业 2 ～ 3 年后应具备的职业能力。此平台为在此前已经取得会计初级资格证书的学生和社会工作人员参加中级会计专业技术资格考试提供条件。核心课程是《中级会计实务》《中级经济法》《企业财务管理》《会计综合实训》，拓展课程是《会计制度设计》《审计实务》《行业会计比较》《财务报表分析》等。

二、会计专业教学与服务资源的建设要点

会计专业教学与服务资源的建设旨在满足在校师生和社会的需要，要实现这一建设目标，需要抓好一些关键环节，包括前期准备、建设过程和后期维护。首先，要做好前期的调研分析，这是资源库建设的重要前提，通过调研分析形成合理的资源库建设方案，明确具体建设内容。其次，重点抓好资源中心建设，包括专业课程中心、实训实验中心、技能认证中心、专业素材中心和服务交流中心，这是资源库建设的核心。最后，资源库的后期更新和完善也是非常关键的，需要实时更新、不断完善，才能起到有效服务的作用。

三、会计专业教学与服务资源建设的意义

会计专业教学与服务资源的建设经历了广泛调研工作，既满足了会计专业在校师生的教与学的需求，更好地服务区域职业教育人才培养工作，又满足了社会会计人员多样化的需求，供其查询会计法律法规和会计专业知识，帮助其完成继续教育、提高专业技能。同时，突出为民营中小微企业服务的特色，专门设立中小企业平台，帮助其解决相关财务问题，使资源库建设更好地服务区域经济发展。

第四节　工具资源支持

一、会计多媒体教学

（一）会计多媒体教学的优势

1. 利用多媒体教学，可以使会计教学内容生动、直观、图文声像并茂。多媒体通常是由文本、图形、声音、动画、视频等各元素组建而成，利用视、听、说向学生提供文、图、像、声等综合信息，有利于学生注意力的保持。另外，多媒体教学在一定程度上不受时间和空间的限制，能强化直观效果，丰富感知材料，增强对枯燥文字的理解。例如，会计学原理中有关“资产”概念的理解，在传统教学中主要是通过描

述性的文字和语言给“资产”下定义，平铺直叙，学生感到抽象不易理解。而在多媒体教学中有文本、图形、声音、动画、视频等多种表现形式，能充分展示企业各项资产，这样学生就能够直观、形象、生动、具体地理解资产的含义。再如，对会计账务处理程序的讲解，若采用多媒体技术，可以把不同账务处理程序对照演示，这样学生就很容易掌握不同账务处理程序的相同点和不同点。通过多媒体课件演示，使学生感到所学的会计知识是有用的，体会到会计与生活的关系。可见，通过多媒体技术，变抽象为具体，变复杂为简单，大大增强了学生的理解和记忆，能够活跃课堂气氛，激发学生的学习兴趣，提升教学效果。

2. 会计多媒体教学可以节约板书时间，丰富教学内容，增加课堂信息量，提高教学效率。在传统教学中，教师板书时间较多，这样就减少了对问题的讲解时间，授课信息相对较少。这种教学方式既费时费力，又沉闷枯燥，难以调动学生的学习积极性。而在多媒体教学中，教师可以事先准备好课件，上课时只需点击鼠标，即可展示教学内容，方便快捷。另外，会计专业的主干课程，如基础会计、中级财务会计、成本会计及管理会计等课程，教学内容多，但各门课的课时又有限，因此很多问题难以在课堂上深入展开，利用多媒体教学恰恰可以弥补这些不足。例如，通过会计多媒体教学可以形象、快速地展示会计凭证、会计账簿、会计报表等实物，避免花费大量时间在黑板上制图、制表。此外，对新出台的会计准则、相关会计制度及会计改革的热点问题通过相关链接，很快就能把这些新知识与信息展现在学生面前，使学生在相同的时间内获得更多的知识和信息，从而提高教学效率，解决学时与内容容量的矛盾。

3. 会计多媒体教学更注意会计理论与会计实践相结合。传统会计教学中，通常理论教学在前，会计实践训练安排在后，理论教学和实践训练从时间上是分开的，造成理论和实践训练的脱节，学生不能很好地、及时地将所学理论知识应用于实践。而在会计多媒体教学中，教师在讲解基本理论的同时，可以演示模拟会计主体的会计核算过程，实现理论教学与实践训练相结合。例如，会计账簿中更正错账的红字更正法，传统授课教师无法把真实的账簿、凭证更正步骤一一演示给学生看，因此很多学生对红字更正法总是理解不透。运用多媒体教学将凭证、账页更正过程以及红字更正法账务处理同时制作多媒体课件进行演示，学生就能很好掌握红字更正法。再如，教师在讲产品销售核算时，可将企业反映产品销售业务的增值税专用发票和普通销售发票制成图片插入课件，这样学生既能弄清两者的区别，又能学会两者的运用和核算，缩短理论和实践的距离，通过多媒体对教学内容的实践训练，避免了单一讲授会计理论的枯燥无味，从而大大提高学生学习的积极性。

（二）会计多媒体教学应注意的问题

多媒体教学是现代教育发展的必然趋势，它能够在单位时间内传递更多的信息，提高教学水平，加快上课进程，提高学生学习兴趣。[①] 但是会计多媒体教学也存在一些不足，如讲课速度过快、教学内容过多、课件质量不佳，本书认为应注意以下问题：

1. 把握授课速度，突出讲课重点

会计多媒体教学的主要媒介是电子课件，由于电子课件是先制作好的，教师在授课过程中减少了板书时间，所以提高了授课速度，增加了授课内容。但会计是一门既强调理论知识，又强调操作技能的课程，其本身学习难度就较大，再加上学生初次学习会计，感到十分抽象，不易理解，要想使学生跟上教师的快教学节奏，非常困难，要使学生完全掌握教师传授的知识就更难。可见，多媒体教学的速度和节奏是影响教学效果的重要因素。因此，教师在授课时一定要把握好讲课速度和教学进度，尽量给学生留下一定的记录和思考时间，确保学生有一个消化吸收的过程，使学生能很好地接受、理解和掌握知识。

2. 提高多媒体课件制作质量

多媒体教学主要是通过演示课件来进行的。会计多媒体教学成功与否关键取决于课件制作质量。课件的质量直接关系到课堂教学效果。因此，教师在制作课件时，必须以教学大纲为依据，要明确教学目的和教学要求，突出教学重点和难点，课件必须正确表达教学内容，不容许任何违背会计准则的现象出现。会计课件要充分掌握会计理论，搜集大量相关资料，确保知识含量和信息含量。课件还应搭配声音、图画、色彩等，这样可以提高学生的学习兴趣，但不要太多，以防冲淡主题。课件内容要及时更新，适时添加有关本学科的前沿信息，使学生在第一时间了解会计最新动态，以保持与时俱进的教学内容。此外，还应充分利用多媒体的优势，如动画功能、超文本功能、视频功能等，以提高多媒体课件制作质量。总之，课件制作应避免直接把书上内容利用幻灯片方式呈现出来，会计课件不是将书本搬家，把屏幕当成电子黑板。

3. 注重教师的主导作用，加强与学生沟通交流

在多媒体教学中，一方面，教师不能简单地认为只要有好的课件，就能很好地完成教学任务。教师在多媒体教学过程中，要充分体现出教师的主导作用和学生的主体作用。教师要明确多媒体仅是教学的辅助手段，不能代替教师的授课。另一方面，教师还要注重与学生的沟通交流。教师不能自顾自操作电脑，对着屏幕讲解，要随时

① 徐爱民．“互联网 +”教育背景下会计专业教学改革的实践 [J]. 中外企业家，2019（32）：192.

观察学生的反应，注意与学生交流。教师要注意学生听课表现，对于学生不好理解的一些重点、难点问题，可以根据课堂的实际情况和学生的接受能力，通过日常生活和学习中的具体事例来讲解，并让学生参与到问题中来，针对学生的回答，及时了解学生掌握知识的情况。若教师和学生不能及时交流，学生掌握知识的情况就不能及时反馈，这样教学就失去了意义。

4. 多媒体教学与传统教学应有机结合

任何事物都有两面性，多媒体教学虽比传统教学有很大的优势，但也不能完全替代传统的教学模式。多媒体教学仍然不能离开板书这一传统课堂教学方式。板书可以抓住瞬间的灵感，固定的多媒体课件不能代替现场板书。教师在教学过程中产生的灵感能及时、快捷地书写在黑板上，这在很大程度上弥补了多媒体课件的不足。另外，不是所有会计课程的内容都适合用多媒体教学，有些内容采用传统的教学方法，中间穿插了一些提问，学生跟着老师的思路走，效果也非常好。因此，在会计教学中，教师应结合教授课程、内容的特点，灵活运用多媒体教学和传统教学，使两者有机结合。

5. 利用多媒体教学，要加强对学生抽象思维能力和逻辑思维能力的培养

多媒体教学形象直观、生动活泼，有利于提高学生的学习兴趣。但不可否认的是，它不利于学生思维能力的培养。而学生日后的学习、工作都离不开抽象思维能力和逻辑思维能力。因此，教师在会计教学过程中应通过更多的课堂讨论和大量的课后思考练习来增强学生的思维能力，提高学生的会计想象力和创造力。多媒体教学是改进教学方式、改善教学方法、提升教学效果、保障教学质量的重要手段。但是多媒体教学毕竟是一种教学辅助手段，它并不是万能的。教师在使用多媒体进行会计教学时，应注意引入会计前沿理论，充分利用各种有效资料，制作出优秀的教学课件，充分考虑到各层次学生的接受能力，把握授课速度，突出讲课重点、难点，树立以学生为中心的教学思想，加强与学生沟通交流，及时发现教学中存在的问题。只有坚持教学以学生为中心，针对特定的教学内容和教学对象将多媒体教学与传统教学有机结合，并注重加强对学生思维能力的培养，才能充分发挥会计多媒体教学的优势，取得更好的教学效果。

二、基于网中网软件的会计教学改革

（一）根据实际工作的业务，选择性地重组教学内容

目前，财务会计的教材带有“准则 + 解释”的特点。由于学生具有畏难、喜欢动手操作的特点，在安排教学内容时，可以依据中小企业财务处理的基本情况，结合

网中网等软件的仿真操作，选择难易适当的内容。

（二）岗位体验中配合“财务会计”课程的仿真软件教学

由于企业财务数据的保密性，学生要进入企业学习真实的账务处理不太现实。而在教学中，有的内容通过“讲解 + 练习”的传统教学模式难以有好的实践效果。在这种情况下，采用网中网等仿真软件辅助教学，能取得事半功倍的效果。例如，讲到存货的核算方法中的实际成本法核算时，网中网教学软件中的实训任务中提供了如下案例：2015 年 04 月 16 日，江宁电器有限公司采购商品一批，根据背景资料编制记账凭证。在该实训案例中，背景资料提供了商品的增值税专用发票、仓库的入库单，以及银行进账单和转账支票。在操作时，先需要更换角色（有制单员、出纳、记账和会计主管等角色），再按选定的角色进行实训。该实训任务选择制单员角色，进行记账凭证的填制。先将凭证日期“2015 年 04 月 16 日”填好，凭证字号“记字第 031”已有，然后在摘要处填入“购入商品”，总账科目填列“库存商品”“应交税费”和“银行存款”，在对应明细科目分别填列“竹柄”“应交增值税（进项税额）”和“中国银行某某支行”。金额分别填入借贷方，画斜线，填入合计金额，最后将附单据 4 张写好，在制单处签章。通过该实训，能够让学生真正了解财务会计岗位的工作职责和工作内容。

（三）体现岗位分工原则

会计岗位涉及出纳、成本会计、销售会计、采购会计、财务主管、财务经理、财务总监等。一项经济业务的账务处理可能涉及多个岗位，网中网教学软件按岗位分工设置角色，将企业工作中的经济业务的处理与课堂教学相结合，可以让学生体会不同的岗位对经济业务的处理。这种形式既能提高学生的实践能力，又能让其清晰地了解会计岗位的各个职责，以及会计业务流程的整个过程，从而为日后快速走上工作岗位打下扎实的基础。

第五节　教学手段支持

一、行动导向教学法

行动导向教学法是指由师生共同确定的行动产品来引导教学组织过程，学生通过主动和全面的学习，达到脑力劳动和体力劳动统一的教学法。其基本特征体现在“完整的行动模式”和“手脑并用”两方面。通过行为的引导使学生的脑、手共同参与学习，在学习活动中提高学习兴趣，培养创新思维、团结协作的能力。

二、多媒体辅助教学法

会计学具有内容复杂、图表数据多、操作性强等特点，大量的图表给会计教学带来了一定难度，此时运用多媒体辅助教学法的作用十分明显。它可以增强学生获取与处理信息的能力，有利于培养学生的抽象思维和逻辑思维能力，特别是根据会计现象建立模型的能力。比如，在讲述会计账簿内容时，如果只是照本宣科来讲解，学生根本不了解账簿到底是什么，采取多媒体以后，我们就可以将不同账簿的实物和账页扫描至多媒体课件中，展示企业的各种账簿，并配合讲解企业常设的现金、银行存款日记账和总账、明细账的设置原则和填写规范，将抽象的东西变成具体的实物，提高学生的认识能力和感官能力，让学生在认知过程中始终积极主动地参与学习，在轻松愉快的环境中完成学习，这样既提高了教学质量，也提高了学生的学习效率。

在设计多媒体课件时应做到以下几点：明确教学目的，突出教学重点，搭配适当的声音、图画及色彩，收集广泛素材，精心设计课后练习题。多媒体辅助教学要在把握教学内容、明确教学目标的前提下，以其媒体多样、形式灵活等优势为课堂服务。课堂上把握讲课的时间和节奏，及时调整课件演示速度，充分发挥多媒体教学的作用。在使用多媒体辅助教学法时，必须做到“三要”：一要适时把握教学节奏。由于运用多媒体进行会计教学，信息量大且变换快，学生要做到听课、记笔记、消化三不误有一定困难，如果教师在讲课时不把握好节奏，有可能让学生顾此失彼。二要强化师生互动交流。运用多媒体辅助教学法进行教学时，师生之间缺少互动交流，因此要防止由过去摒弃的“人灌式”变成现在的“机灌式”。三要整合优化课堂资源。既要利用现有网络上的会计教学课件，又要整合一切力量，成立会计专业核心课程多媒体课件制作小组，研究制作一批高质量的教学课件。

三、启发式教学法

启发式教学法是指教师在教学过程中根据教学任务和学习的客观规律，从学生的实际出发，采用多种方式，以启发学生的思维为核心，调动学生学习的主动性和积极性，促使他们生动活泼地学习的一种教学指导思想。启发式教学法的关键在于设置问题情境。

启发式教学法的实质在于正确处理教与学的相互关系。随着现代科学技术的进步和教学经验的积累，启发式教学法将不断得到丰富和发展。当前，一些国家在教学法改革中的许多创造和见解都是同启发式教学法的要求相关联的。

启发式教学法以发展学生的能力、提高学生的素质为目的，传授知识仅仅是实现这一目标的一个过程。引导学生观察、发现、分析、解决问题是课堂教学的核心。在教学结构上，师生之间、学生之间形成一种合作关系，既可以是师生之间的个别或群体讨论与对话，又可以表现为学生之间的个别或群体讨论与对话。这一过程是启发式教学法的灵魂，教师要尽可能地有意制造认知过程中的障碍，如提供正、反两方面的立论、故意误导等，从而使学生在迂回曲折、历经坎坷的多向思维之后获取知识。在教学技巧上，教师要尊重持不同观点或者是错误观点的学生，要保护好学生的积极性。

四、分层次教学法

分层次教学法是指根据受教育者在一定阶段内的认知水平、知识基础、发展潜能、兴趣爱好、抱负指向等方面的客观差异，在尊重主体意志的前提下，学校依据资源配置条件而实施的教学形式。其教育理论的核心是因材施教原则，其施教理论基础是具体问题具体分析，一切从实际出发。目前，分层次教学法已在很多学校的不同专业中得到开展和推广，而会计专业是一门技术性强、应用面广的专业，市场需求更是有不同的层次，因此探讨会计专业的分层次教学具有重要的意义。

（一）做好教学对象分层

要做到客观地把握学生层次，必须深入地了解学生。学生是整个教学活动的主体，由于其智力、能力、兴趣、动机、学习方式等方面的差异，接受教学信息的情况也有所不同。因此，单纯以学习成绩为依据来简单机械地划分学生的层次往往偏差较大，所以对学生的层次划分应采用相关分析、客观分析、动态分析等方法，进行科学的分析研究。分层前教师应重视对学生的思想教育，使每个学生都舒心乐意地排到相应的层次里。分层后教师还应根据学生的学习情况定期地做调整，合理地进行组织教学。

（二）做好教学目标分层

学校要依据学校师资水平、社会需求、就业意愿等因素，根据不同层次的学生制定相应的分层教学目标。

1. 培养研究型、高级实务型会计人才

这一层次的培养目标一方面是让有志于从事理论研究的学生能够进一步入学深造，攻读会计硕士、博士；另一方面是向国内外有名的会计师事务所输入高水平的实务型人才。

2. 培养大众化会计人才

这一层次的培养目标主要是夯实学生基础，让他们能够胜任中小型企业的会计工作。

做好教学内容分层要根据不同层次学生的实际情况，有针对性地制定教学内容和规划。

培养研究型、高级实务型会计人才的教学应选择内容全面，有一定难度、深度的教材。有些课程的教学可选择注册会计师考试用书，同时加强某些课程的双语教学，加强实务培训。一些特别重要的课程可适当延长教学时间，以便老师能讲解更透彻，学生也能学得更扎实。对于这一部分学生我们要求他们能“知其然并知其所以然”。大众化会计人才的教学应选择内容相对简单的教材。这一部分学生的教学应轻理论、重实务。在他们掌握基本的会计核算知识的基础上适当加以提升，适当延长财务会计、成本会计等教学时间。对该层次学生的作业练习难度要降低，以模仿性、基础性为主，要求学生们毕业时能通过会计初级资格等考试。

五、会计模拟教学法

会计专业的课程实践性强，为了缩短实践和理论的距离，让学生理解全部业务操作过程，了解和弄清各环节之间的联系，会计模拟教学法应运而生。在会计模拟教学中，学生可以进行会计凭证、账簿、出纳、材料、工资、成本费用等各岗位的模拟教学，也可进行综合会计岗位模拟教学等。

银行结算方式是会计专业教学中的重要内容，如何在教学过程中实施行动导向教学法，下面就以“银行结算方式运用”为例进行具体的阐述。

在“银行结算方式运用”中，确定的学习任务是学生以小组形式，根据 7 种银行结算方式的特点和适用范围，以教师提供的材料购销业务为工作实例，进行小组角色定位，是材料的采购者还是材料的销售者，结合企业的资金周转与发展的实际情况分析讨论，选择合适的银行结算方式。在选定的银行结算方式下，按照规定的结算程序，填写原始凭证并传递，做出相关的账务处理。记录已完成的工作，要符合现行《支付结算办法》的规定。[①]

确定有效的学习目标是教学活动所追求的、学生在学习结束以后应实现的目标，它是预期的教学效果。表述学习目标可以使教师和学生都明确自己的努力方向，有效

① 郑军，张振，周运兰．会计教学理论与方法创新研究 [M]. 北京：经济科学出版社，2012:82.

评价学习效果，并帮助选择合适的学习内容、方式方法和手段。在“银行结算方式运用”中，学生以小组的形式，通过教师讲解银行结算方式等资料，选择最适合本小组角色的结算方式，完成相应的结算程序，并写出相关的账务处理，对已完成的任务进行记录、阐述、存档和评价反馈。在学习银行结算方式后，学生应当能够了解企业发生的货币资金收付业务，可采用银行结算方式的种类，熟悉各种银行结算方式的特点及适用范围，掌握在实例中的不同角色并选择结算方式的不同策略，能够写出相关的账务处理。设计合理的学习情境，制定工作与学习内容的学习情境是在典型工作任务基础上，在考虑学校教学资源、教师和学生等实际情况的前提下，由教师设计用于学习的“情形”和“环境”，是对典型工作任务进行“教学化”处理的结果。

一个典型工作任务可以划分为几个学习情境。在“银行结算方式运用”中，根据学习任务的难易程度及业务的发展顺序进行合理的排序，划分为三个学习情境，并分别制定工作与学习内容。一是银行结算方式的选择。教师给定企业的材料购销经济业务和企业财务状况情况表，学生根据对银行结算方式各种类的理解和掌握，考虑小组的角色是材料的采购方还是销售方，围绕给定的材料购销业务实例，从企业的资金周转、材料需求或库存、对方企业的信誉等情况，组内成员之间沟通，对应组之间协商，选择小组的银行结算方式，签订简要合同并记录。二是银行结算方式的结算程序。教师准备好各种银行结算模拟原始单据、财务专用章，预留银行印鉴，要求学生小组在选定的银行结算方式下，能够按照现行银行结算制度的规定填写好原始单据，按照规定的路线和时间进行传递结算，掌握银行结算的流程。三是单据的账务处理。教师准备好记账凭证和账簿，要求学生小组能按照记账凭证的填制方法正确填写记账凭证，根据填好的记账凭证登记到相应的账簿中。

采取合适的学习组织形式与方法在教学中占据核心地位。学生以小组为单位，模拟企业操作，接受并完成学习任务，教师是学生的专业对话伙伴，组织并帮助学生顺利完成工作任务。因此，在“银行结算方式运用”中，全班学生可分成五大组，每大组 8 ～ 10 人，分别给出不同的企业财务状况表。每大组又分成两小组，每小组 4 ～ 5 人，分别扮演材料的采购方和销售方。以小组学习讨论为主，以正面课堂教学和独立学习为辅，三种学习组织形式交替进行。为了给学生提供解决问题和“设计”的空间，在学习过程中可以贯穿多种教学方法，如在给定材料购销经济业务和企业财务状况表时，用引导课文教学法引导学生获得必要的信息和资料，避免学习的盲目性；在选择银行结算方式时，强调合作与交流，为照顾学生的兴趣和经验，用“头脑风暴法”引导学生就银行结算方式的特点及适用范围自由发表意见，教师不对其正确性或准确性发表评价，但共同分析实施或采纳每一种意见的可能性，并归纳总结；在掌握银行结算方式的结算程序时，用角色扮演法让每大组的两小组学生分别扮演材料购销业务的采购方和销售方，让学生在完成学习任务的同时，感悟职业角色、体验职业岗位；通过迁移应用建立理论与实践的联系，形成一定的职业认同感等。整个学习过程以学生自主和合作学习为主，教师更多地以“师傅”“导演”身份出现，行动导向教学法始终贯穿教学全过程，留给学生尝试新的行为方式的实践空间。

第五章　互联网时代会计教学改革新路径探索

第一节　互联网时代会计教学形式的改革

一、互联网教学形式改革的重点——培养能力驱动型人才

在知识已取代劳动力成为经济发展战略性资源的当今社会，经营、管理、技术的创新和发展有赖于高素质的人才。高等教育作为人才培养和学术研究的重要阵地，承担着知识生产、传递和转换的重大责任。如何适应知识经济的需要，培养高智商、高情商和高灵商的高素质会计人才，高等会计教育面临深层次、全方位的改革。

（一）能力素质是高素质人才培养的核心

高素质会计人才是指智商、情商和灵商“三商并举”的优秀人才。智商主要反映人的认知能力、思维能力、语言能力、观察能力、计算能力、律动能力等。情商主要反映一个人感受、理解、运用、表达、控制和调节自己情感的能力，以及处理自己与他人之间的情感关系的能力。灵商代表有正确的价值观与职业观，懂得包容，擅长沟通，既灵活应变，又能分辨是非，辨别真伪。情商决定智商的发挥，灵商的健康和完善是情商的源泉。

人才培养应包括知识、能力、素质这三个基本要素。我国高等教育经历了从重视知识传授到关注能力提高再到强调素质教育的过程，现在逐渐形成构建有知识、强能力、高素质三位一体的新型培养模式，这也是对教育本质的深刻认识。知识是人类认识世界与改造世界的智慧结晶，也是能力和素质的基础；能力是人们胜任某项任务的主观条件，是对知识的内化、转化、迁移、融合、拓展、创新水平和程度的高度概括，是知识和素质的外在表现；素质是指在自然禀赋的基础上，通过后天环境的影响以及主体参与教育活动和社会实践而形成的比较稳定的、符合群体化要求的素养和品

质，素质的基本要素是知识和能力。我们认为，未来人才素质差别不仅表现在专业知识上，更表现在人才的专业能力和职业能力上，其中创新能力居于重要地位。会计专业学生不仅要有丰富的基础理论知识、扎实的专业技术知识，更要有较强的多层次的综合能力，这是衡量高等会计教育能否培养高素质人才的重要尺度。高素质必须强能力，强能力才能有知识，因此能力素质是高素质人才培养的核心。评价一名合格的会计人才，不仅看他拥有多少会计知识，更要看他是否具备解决相关会计、财务、管理问题的综合能力。会计教育的目的在于帮助学生掌握这种能力，而不仅仅是学习、传承会计知识。高等会计教育应该培养社会需要的高素质会计人才，并在培养学生的专业能力、职业素质方面有所作为，变知识驱动型目标培养模式为能力驱动型目标培养模式。

（二）应用型人才的培养形式

对于普通高等院校来说，“后大众化”时期，会计专业培养目标主要是应用型人才，要解决的是大多数学生的就业问题，提高学生的就业竞争力，把职业优势、就业优势、创业优势作为特色追求。会计专业学生不仅要面对学习，还得面对就业、人际交往、经济、家庭等方面的问题，需要各种职业能力支持。个体不可能完全预见未来的职业取向或职业变化，为了自身的生存和发展，会计专业学生自身也需要掌握核心能力。这些能力可以概括为信息能力、表达能力、沟通能力、职业能力和创新能力。

首先，信息能力指理解、获取、利用信息及利用信息技术的能力。理解信息即对信息进行分析、评价和决策。具体来说，信息能力就是分析信息内容和信息来源、鉴别信息质量和评价信息价值、决策信息取舍以及分析信息成本的能力，是信息时代人们赖以生存、学习、工作的必备条件，也是会计人才素质结构中最基本的能力要素。

会计工作的重要性不仅仅在于反映经济形象、描述经济行为，更重要的是能在纷繁复杂的信息世界中，通过有效的方式，高效地查阅、提炼、组织有用的信息，解决问题。据有关资料统计，现代企业在管理上所需信息有 70% 来自会计部门。

其次，表达能力又叫作表现能力或显示能力，它是指一个人把自己的思想、情感、想法和意图等，用语言、文字、图形、表情和动作等清晰明确地表达出来，并善于让他人理解、体会和掌握。表达能力的高低直接影响到每一个人的生活质量。表达能力成为会计专业学生必须具备的重要能力和基本素质，主要包括语言表达、文字表达、图表表达等方面的能力。准确的表达能力是培育有效沟通能力的前提。

第三，沟通能力是指个体在事实、情感、价值取向等方面有效地与人交流以求思想一致和信息通畅的社会能力，主要包括组织、授权、冲突处理、激励下属等方面的能力。沟通是不同主体之间信息的正确传递，沟通能力的培养和教育可以使一个人吸收与转化外界信息，理解和调节他人情绪，与他人合作，妥善处理内外关系。良好的沟通能够促进与他人和谐相处，创造性地解决好人际关系问题，是事业成功的重要条件。

会计作为国际通用的商业语言，企业利益主体的多元化使会计工作处于内外错综复杂的关系中，只有在良好沟通下，才能提供准确、及时、有用的会计信息。会计工作岗位既分工明确，又相互联系，从凭证填制到账簿登记，从成本核算到财产清查，直至会计报表的编制，各环节紧密相连、互相承接，需要各会计岗位人员通力配合、团结协作、共同完成，才能发挥会计信息的沟通效能。

第四，职业能力是人们从事其职业的多种能力的综合，也是在真实工作环境下按照既定标准实现其职责的能力，主要由专业能力、关键能力（包括方法能力和社会能力）、职业价值观和态度三项能力构成。职业能力是指学生所掌握的通用的、可迁移的，适用于不同职业领域的关键能力，是以一种能干的、有效率的和恰当的态度履行高标准工作的才能体现。我们认为，职业能力是个体为胜任特定的专业岗位，将知识、技能和态度迁移与整合而形成的，能顺利完成职业任务所必备的专门技能，表象外显的是专业知识、技能，潜在内隐的有职业动机、偏好、态度、行为等要件，主要包括职业规划能力、职业判断能力、职业品质等内容。

会计具有很强的操作性，会计核算、财务报告编制以及内部控制制度设计等都需要有丰富的业务经验。在进行具体实务处理时有关会计处理程序的选取、会计估计的变更、会计信息化的运作、网络化传输等都需要有相当娴熟的职业技能。

最后，创新能力是技术和各种实践活动领域中不断提供具有经济价值、社会价值、生态价值的新思想、新理论、新方法和新发明的能力，这种能力的发展有一个由低到高的过程，主要包括应用创新能力、集成创新和再创新能力以及原始创新能力等方面。创新能力是高素质会计人才培养的价值追求目标，其形成与教育方式、方法密切相关。

二、互联网时代会计教学形式的改革

在我国，会计教学形式的改革问题一直没有受到学术界应有的重视。大部分院校的会计教学形式仍停留在课堂讲授层次上，这是一种单纯传授知识的教学形式，与素质教学和创造教学不相适应。要压缩教学课时、提高教学效果、实现个别化教学，以及要调动学生对学习的积极性和主动性，培养学生的创造性思维和综合分析问题的能力都需要对传统会计教学形式进行改革。因此，教学形式的改革在素质教育、创造教育中处于重要的地位。

教学形式的更新更多地表现为学校人、财、物的投入，包括计算机实验室建设、多媒体教室建设、会计模拟实验室建设等。[①]教师除运用黑板、粉笔等传统手段外，必须学会在教学过程中穿插运用计算机辅助教学手段，并逐步创造条件运用可进行个别化教学的多媒体计算机辅助教学软件。教学方法改革的重点是要把教师满堂讲授、学生被动接受的模式转变为教师讲授与学生主动参与相结合的模式。教师的主要任务是运用各种教学手段，通过原理讲解、实务演示、案例分析、课堂讨论等方法引导启发学生去思考，帮助学生解决疑难问题。

互联网技术的发展为会计教学模式的深层次改革提供了平台和技术支撑，会计教育工作者要解决的问题是如何让互联网技术和会计的教学模式进行深度的融合，探索出互联网时代适用于应用型本科院校会计教学的新模式，在互联网时代下实现会计教学模式深层次的改革必须实现以下六个方面的转变。

（一）教学主体学生化

传统的会计教学理念是以教师为中心，教师集制片、导演、演员为一身，学生是观众。在这种教学模式下，学生的地位是被动的，课堂气氛是沉闷的，阻碍了学生的创造性思维的发展，学生分析问题、解决问题的能力低下。尽管大多数教师能将计算机多媒体技术应用于会计教学，使会计教学的手段改变，但新的问题也随之出现，最典型的表现是由于教师课堂板书量的减少，课堂上讲述的内容以演示文稿的方式呈现，导致课堂教学的知识和兴趣点转移。

在互联网时代下，会计教学模式的改革首先就是教学主体的转变。利用互联网技术可以让学生成为会计教学活动中的主体。教师是制片和导演，学生要从原来的观众转为演员，实现教学主体学生化。让基于知识传授的课堂教学方式转变为基于问题解决的课堂，即我们通常所说的翻转课堂的教学模式。具体的做法是，将会计教学中知识性的内容以微课的形式通过互联网课程平台发布，学生利用课余时间通过自己观看视频进行自主学习。每个学生可以根据自己对知识的掌握情况控制学习进度，没有学会可以反复学习，实现自主学习和个性化学习。课堂教学不再讲述知识性的内容，而是提出新的问题，让学生利用获得的知识去解决问题，通过解决问题的过程完成知识点的内化和提升。课堂教学的重点是帮助学生解决学习中遇到的困难和问题，教给学

① 张妙凌．互联网时代会计职业教育方向探讨 [J]. 金融经济，2018（16）：216-217.

生解决问题的方法和思路，教师成为学习的引导者。以问题为导向的课堂教学模式可能促使学生去完成更多的阅读和学习，这样才能解决问题。课堂教学主体的转变可以激发学生学习的兴趣，提高学生分析问题和解决问题的能力。

（二）课程资源的多样化

在传统教学方式下，会计专业的教学资源主要是教材和习题。这些传统的教学资源是无法满足翻转课堂这种教学模式的，以学生为教学主体的翻转课堂教学模式不是用视频和网络资源代替书本，而是这些资源的融合使会计的课堂教学模式呈现出立体化，线上课堂和线下课堂做到优势互补。要实现课堂的有效翻转必须做好课程资源的建设，课程资源建设是会计教学模式改革的基石，可以通过一些途径完成一系列现有资源的整合。国内的多数视频学习网站都有会计专业相关教学视频的免费资源，教师要能够充分利用这些教学资源，对这些资源进行甄别，筛选出适合教学对象的课程资源，推荐给学生在线下观看，并设计好学生要完成的任务以及需要思考的问题。同时，教师要自行开发课程资源。由于每个学校办学特色不同，现成的课程资源并不能完全满足教学需要，还必须组织课程的主讲教师针对自己教学对象的特点，开发建设有针对性的课程资源。对传统纸质教材和习题资源进行修改，使之符合新的会计教学模式的需要。在这种教学模式下，课程的资源将呈现出多样化的趋势，纸质的教材、习题、微课视频、动态开放的慕课资源都将成为课程资源，离开课程资源建设，翻转课堂模式就没有实施的基础。

（三）教学控制全程化

在传统的课堂教学中，教师能控制的仅仅是课堂的 45 分钟，课后学生做什么，教师没有办法控制和实施有效的管理。有人也会提出质疑，辛辛苦苦开发的课程资源通过互联网课程平台发布后，学生不看怎么办？如果学生不能自觉地在线下完成自主学习，翻转课堂的教学模式就无法实现，相当于导演让演员回家背台词，演员根本没背，戏就拍不下去。不能有效地解决这个问题，翻转课堂就是空谈。那么，如何解决这个问题呢？可以利用互联网的云技术，创建云班级，云班级以教师在云端创建的班群和班课空间为基础，为学生提供移动设备上的课程订阅、消息推送、作业、课件、视频和资料服务。云班级为教师和学生提供基于移动交互式数字教材的教学互动支持，教师在数字教材中标注阅读要求和学习要点，学生在数字教材学习时可以查看教师的批注，也可以在同学间分享笔记。教师可以查询学生的学习进度和学习记录，学生本学期进度和学习成效都能在手机的 App 里一目了然。到了期末，谁能得高分，谁会被判不及格，就都有了依据。学期末，教师可以得到每位学生的学习评估报告，实现对每位学生的学习进度跟踪和学习成效评价，也激发了学生利用手机进行自主学习的兴趣。云班级最大的优势在于可以发布丰富的教学资源。这些资源可以自行设计开发，也可以共享网络中的资源。它并不只是一个类似简单的手机 App，通过对数字资源的不断开发，未来云班级将是一个取之不尽用之不竭的资源库和实现教学全过程管理的有效工具。有了这样一个互联网平台，学生的手机将成为学习的工具，而不再只是悄悄地低头在课桌底下用手机聊天、玩游戏，教师手中的手机也将成为教学管理、课程建设的有力工具，这些智能化的电子设备才能实现其真正的价值。

（四）学习情境混合化

在互联网时代，学习情境将呈现出混合化趋势。学习的空间既有线上的课堂学习，又有线下的自主学习。互联网技术的深入发展和智能化电子产品的广泛应用使学生的学习方式变成移动式和碎片化，只要有网络，学生就可以利用智能手机在任何时间任何地点进行学习，提高了时间的使用效率，学习的方式更加自由和多元化，文字的课本、发布的视频、网络上的资源都可以利用。在同一个课堂上，有的学生可能在相互讨论，有的学生可能自己看视频，有的学生可能在静静地看教材上相关习题的讲解，用何种方式获取知识完全取决于学生自己的喜好。但无论用什么方式，要达到的目标是一致。这种学习情境的改变满足了学生个性化学习的需要，对激发学生的创造力、培养学生的创新思维将大有裨益。

（五）考核评价多元化

目前，高校会计专业大部分课程仍采用传统考核方式，即课程的“平时成绩 + 期末闭卷成绩”的考核形式，考核的内容主要是课堂和教材的知识，无法对学生职业能力进行评价。这种评价的方式的实质是结论性评价，通俗讲叫一考定终身。其最大的弊端是考试时间有限，考试范围固定，以考核知识为主，无法对学生能力进行评价，导致学生平时不用功，期末考试前进行突击复习，学生考前死记考试范围，评卷教师在评判成绩时容易参与较多个人情感，难以真实反馈教师授课水平和学生掌握知识的程度。这种考核评价机制无法适应本科应用型人才培养目标的要求。根据会计专业课程的特点，借助互联网的课程平台，建立一个科学合理的考核评价体系是会计教学模式改革的当务之急。课程考核评价的方式应该从结论性考核向过程性考核转变，评价主体从以教师为主的单一主体向多元化主体转变，可以是计算机考试系统的在线评价，可以是教师的评价，也可以是学生之间的相互评价。考核评价的范围包括对整个课程教学中学生的学习态度、学习表现、能力发展等多个方面的评价，把学习过程和学习成果都纳入考核范围。考核评价不是为了难倒考倒学生，而是找出每个学生在学习过程中在哪些方面做得比较好，哪些方面还存在何种问题，学生应该如何解决，对学生的学习过程给出指导。学生不会因为自己还有不会做的习题而难受，因为可以在后面的学习中通过个人努力进行弥补。这种考核方式能够调动学生的主动性、积极性，使学习过程变得更加有趣、更加个性化，有利于促进学生能力的发展，也有利于更加全面地评价学生的综合能力。

（六）教学模式现代化

互联网技术和移动互联网技术的推广不仅是信息技术的革命，更是会计教学模式改革的引线。促进会计教学模式的深化改革，在会计教学模式改革的探索与实践中还要注意以下问题，才能避免会计教学模式的改革走进误区。

1. 要实现对“翻转课堂”的有效管理

在会计教学模式的改革实践中，不能把翻转课堂简单地理解成让学生在课前通过观看微课视频自己学习，课堂上老师进行答疑解惑。如果只是简单地读视频，那么翻转课堂就和传统教学中的课前预习没有什么区别。在翻转课堂中，教师要成为学习的引导者，不再是“授之以鱼”，而是“授之以渔”，必须更加注重学生学习能力的提高。所以对翻转课堂做好课前、课中和课后的整理就显得很有必要。课前，教师要精心设计学习任务单，及时发布课程资源，任务单中要明确学生线下学习应完成的具体任务，完成任务后要解决什么样的问题，学习中遇到困难应该如何解决，完成任务后会得到什么奖励，不完成任务会有什么样的处罚，这样学生线下学习才能目的明确。同时，要注意课程资源的发布必须及时，让学生有足够的时间完成任务，课中要设计针对性的案例，对学生自主学习获得的知识进行内化，线上课堂的案例或问题的设计必须有针对性和可行性。在教师的指导下，利用学生自己的知识积累能够解决该问题，目的是促进学生在解决问题的过程中实现对所学知识的内化，让学生能够通过这些问题和案例建立起自己的知识结构。课后，教师要设计综合性案例，实现知识迁移。学生获得知识的目的是提高自己独立解决问题的能力，综合性案例的设计就是为了要培养学生独立分析问题、解决问题的能力。

2. 要实现对知识体系的建构

在会计教学模式改革中，为了提高学生的注意力，将学生课前自学的内容，以微课的形式在课程平台中发布，它的优点是解决学生注意力不能长时间集中的问题，但是也出现了学生获得的知识是碎片化的、零散的这一问题。如何把这些零散的、碎片化的知识点串联起来，将这些零散的知识点进行复原，按照会计学科的知识结构，构建完整的知识体系是教师在课堂教学中要完成的首要内容。可以使用思维导图或知识结构图来实现会计学科知识体系的还原。

在互联网时代背景下，会计教学模式的改革是一项长期的系统工程，在具体的实施过程中可能会遇到新的问题，需要广大的会计教育工作者不断探索，不断总结，找到适合会计教学的新形式。

第二节　互联网时代会计教学方法的改革

一、改革会计教学方法的思路

现代教育观念认为，学生是学习的主体，教学的一切活动都必须以调动学生主动性、积极性为出发点，引导学生主动探索、积极思考，培养学生的创造性思维和综合分析的能力。

（一）革新教学方法，提高学员学习兴趣和学习的主动性

课堂教学的目的是让学员走向社会，从事具体的会计实践服务。课堂教学要注重引导学生自主学习的积极性，“授之以鱼不如授之以渔”，这句至理名言正在成为当代教学方法改革的座右铭。因此，围绕“讲、练、看、干”四个教学环节施教，一定会有成效。

“讲”强调对教学内容要点的精讲，强调在教学中浓缩各学科的知识含量，以够用为度。“练”强调对学员会计实际应用能力的训练，通过课堂教与学、案例分析等巩固会计理论知识。“看”就是观看会计核算的实物操作，选择不同类型（企业、行政事业）的账务进行演示，掌握其操作方法。“干”可以通过会计模拟实习、继续教育培训结业考核（针对《会计基础工作规范》课程）的方式进行。

（二）结合会计工作实践，开展课堂教学

理论指导实践。没有理论的指导，不可能很好地掌握实际操作技术，但过于复杂的理论课程不仅影响了学习效果，还脱离了工作的需要。在讲授“会计基础工作规范”课程时，采取先从理论上讲述会计工作应遵循的规范，把工作中使用的凭证、账簿等实物展示在教学中，由抽象讲课变为直观演示，再以工作中发生的经济业务作为范例进行讲述，从经济业务发生取得原始凭证开始，编制记账凭证，登记账簿，试算平衡，一直到编制会计报表，演示整个会计账务处理过程，最后在培训结业考核时要求每位学员做一套模拟账务处理，实习从“凭证—账簿—报表”的整个会计实务流程。这样，教与学的效果大为改观，颇有收效。

（三）利用网络技术，建立远程教学平台，满足不同会计学员的学习需求

充分利用多媒体等现代化的教学设备，改进授课方式，改变黑板教学的单一模式，应用计算机教学，把枯燥无味的会计理论通过投影、幻灯片、录像等形式生动形象地展现在学习者的眼前，采取案例演示，更富有吸引力、直观性和科学性，形成了良好的教与学的协作空间，还使课堂教学的知识输出量增大，提高了教学效率。建立远程教育网络，利用“中华会计网校”的网站，增设“会计人员继续教育”“会计电算化”“会计人员上岗实务操作”等网页，邀请会计专家、教授通过多媒体课件在网上授课，以视频或音频的教学模式进行开放式教学，会计人员可以根据自己的时间随时、随地进入网校听课，同时增设网上答疑专栏，解决学员们在学习过程中遇到的疑点、难点、热点问题。另外，在网页中设置管理办法、课程目录、授课教师、听课时间（次数）记录、网上考试等项目。

（四）完善考核机制，建立灵活多样、科学合理的考核标准，有效督促会计人员加强学习

针对会计类教学内容，分别设置会计从业资格证考试、会计电算化考试、会计人员上岗前操作技能培训、会计人员继续教育培训等科目的考试规程题库。① 一年中可对各科的考试时间、内容做出详细安排，学员可根据自己的知识水平、学习时间、工作单位性质等具体情况，有选择地挑选自己参加考核的方式、科目，解决了对学员学习成果考核不科学，甚至对有些学员学习课时不足无法进行考核的问题，同时达到了提高学员学习积极性，督促学员按时参加培训、按时参加考核的目的。

二、互联网时代会计教学方法的改革

（一）案例教学

案例教学是对传统教学模式的补充，使学生在学习会计理论知识的同时，通过剖析案例，将学到的理论知识运用到实际生活中，以提高会计分析能力。随着教育体系的不断完善，为适应教学改革的需要，案例教学也应该逐渐被重视起来。

在互联网时代，会计教学方法是会计教育改革的重要组成部分。在新时期，各类教学手法是对教学改革的启发和总结。案例教学法的主要教学目的是提高学生对知识理论理智性的理解及应用能力，提高和培养学生的评论性、分析性、推理性的思维和概括能力、辩论能力以及说服力方面的能力和自信心。案例教学法能够使学生认知

---

① 刘红霞．高校会计专业人才培养模式创新与实现路径研究 [M]. 北京：中国财政经济出版社，2016：76.

经验、共享经验，能够促进学生扩大社会认知面以及激发学生解决一些社会问题的愿望。此外，案例教学也利于培养和发展学生的自学能力和自主性思维习惯。

所有的教学方法目的都是让学生学到知识，传统教学方式的讲课方法一般是通过演绎推理来传授知识。其逻辑起点是较正式地阐明概念结构和理论，然后用例子和问题来论证，教师授课辅之以阅读、音像、练习和习题等有效方法传递具体事实、原则、系统技术。在会计教学中，授课的意义受到极大的限制。因为对于资历较浅，尚处于成长期的会计专业学生来说，事实、原则和技术只是他们应该掌握的知识的一个次要部分。许多学生在复杂多变的环境中工作，必须在不具备可靠的完备信息的前提下，做出判断并采取行动，如果只会查阅有关原则、理论和事实的记录而不能做出判断，就不能出色地完成学业和工作。事实上，学生的知识水平在很大程度上并不能决定其成败，决定其成败的是到底怎样思考、怎样判断和怎样行动。

案例教学通过对具体事件的分析来促进学习，最突出的优点是学生在学习过程中扮演了更为积极主动的角色。这种方式从归纳的角度而不是从演绎的角度展开某一专题的学习，学习过程中让学生高度投入事先安排好的一系列精巧设计的案例讨论之中，从而达到教学目的。

案例一般描述的是现实的财务管理经验或某种假想的情形，这是案例教学的基本要素。财务管理案例表现为多种形式，大多数都用归纳方法进行教学，或是情况诊断，或是决策研究，或是两者结合。诊断的案例又叫评价案例，描述了会计从业人员的成功与失败，学生可以了解系统特征与决策结果之间的因果联系。把一系列案例组织起来教学能帮助学生理解在什么情况下特定的管理抉择和管理风格是有效的。

另外一种管理案例是决策案例。与现实决策相似的是，这些案例提供的决策相关信息也不完备和不完全可靠，因而不能单单通过系统规范的分析技术来得到答案。许多案例把诊断和决策联系起来，要求学生不仅要分析情况，还要给出行动方案。

（二）互联网教学

互联网教学是利用现代信息技术，将多媒体运用到教学领域的一种教学方法。在整个教学过程中，学生可以学到书本外的知识，也可以发挥自身个性，提高学习效率。教师利用互联网教学可以缩短教学时间，提高教学质量。因此，互联网教学可以提高现代化教学的效率。随着多媒体技术的不断发展，在“互联网+”时代，通过会计教学改革，可以为社会培养出大批会计实用型人才。教师应该与时俱进，推进互联网会计教学改革，适应当前经济体制和教育体系的改革需要，为我国新时代会计领域培养更多的优秀人才。

三、互联网时代会计教学方法的其他变革

（一）交互式会计教学情景设计探索

会计教学情景是互联网时代会计教学的新方法，但是会计情景模拟实验教学有物质情景是不够的，还需要其他各种情景设计。这就需要广泛借助社会力量将会计生活化、情景化、剧本化，让学生扮演各种会计角色，体会会计职业发展轨迹。

1. 会计业务融入情景剧本

会计情景实验教学实施的关键在于布置高仿真的工作场景，并设计合理的会计教学情景。这就需要将会计业务生活化，将具体会计业务的处理嵌入情景剧本中，提升学生的职业能力，结合实践，探索出一本理论联系实际，能提高学生动手、动脑能力的教学剧本。显然，互联网技术将是会计剧本设计最重要的手段之一，可以实现区域内企事业单位联网贡献设计复杂的业务内容，让企业更好地承担社会责任和享受“免费”午餐，即让企业主动将财务难题、会计疑问作为情景贡献出来，并得到区域“会计云平台”的支持。这样可以实现模拟生动的情景，也会充分发挥学生创新能力和应用能力，实现校企合作共赢的目标。当然，根据会计职业的特点，还需要渗入职业道德教育的内容，让学生领会到会计职业道德的真谛。

2. 角色与人物的情景构思

会计情景剧本是一个生动的会计业务的缩影，也是会计人才培养的蓝本。当然，有了剧本，就需要演员去扮演角色和体会任务，并组织实施实验教学情景。这就需要互联网的互动思维，让每个学生演对手戏，因为企业会计业务是交易型业务，每笔经济业务的发生涉及多方，这就需要学生站在各自的会计主体去体验会计业务的处理。同时，“互联网 +”可以让人物生动化，可以聘用企事业单位的在职会计人员来串演一部分角色，通过“会计云平台”培养学生的职业能力。

（二）“互联网 +”与会计游戏

“互联网 +”给会计情景实验教学带来巨大的发展空间，可以使枯燥的会计教学变得像玩一场会计游戏一样。会计情景实验教学可以借助互联网技术使“单体教学”变成“立体教学”，让会计虚拟情景平台具备智能功能，为教学提供诸多方便。在会计游戏中充分让学生体验到会计职业成长的过程，记录每一次会计人生的经历，而这些信息也将会为人才培养提供更多的定量分析的大数据，促进个性化人才的培养。

（三）问题探究式教学

问题探究式教学是指教师或教师引导学生提出问题，在教师组织和指导下，通过

学生比较独立的探究和研究活动，探求问题的答案而获得知识的方法。这种方法为教师在互联网时代发挥教学中的引导、指导作用提供了很大帮助。教师可以利用网上论坛中热点问题引出教学相关问题，组织学生利用互联网、网络资源库等工具进行答案的搜索，并利用各种互动工具进行学生间、教师与学生间的线上和线下讨论、互动、指导，最终探求正确答案并获得理论知识。问题探究式教学使学生自主学习能力提高，学习主动性增强，学生在这个过程中学到了如何去获取知识、应用知识和解决问题的方法。

（四）项目教学

项目教学是指在教师的指导下，将一个实用性强、相对独立的项目提供给学生自己完成，学生通过信息的收集，对项目进行评估、设计、实施、评价，最终完成项目并获得知识、能力的教学方法。在互联网时代，我们的会计技术将得到快速发展，会计的职能将发生转化，从传统的提供、处理会计信息转向会计信息的使用、分析、参与决策，事前预测、事中控制的职能逐渐显现。这就要求我们学习、掌握互联网应用技术、应用大数据、云计算等新手段，更高效地履行会计的预测、计划、决策、控制、分析、监督等职能。项目教学将会更好地帮助我们适应互联网所带来的信息技术新挑战。项目教学将以企业具体项目对学生提出相应的任务，借助信息工具，完成项目要求。通过项目教学，学生学习更有目的性、主动性、积极性，学习的内容与实际企业更加接近，随着各个项目的完成，学生在获得强烈的成就感的同时完成了相关理论内容的学习。

（五）利用信息化教学资源教学

信息化教学资源是指经过数字化处理，可以在多媒体计算机上或网络环境下运行的课件、学习工具、教学网站等。利用信息化教学资源进行教学顺应了互联网时代的需求，为教师的教学和学生的学习提供了有力的保障。这种教学方法有着其他教学方法无法比拟的优势，为培养互联网时代的会计人才发挥了重要的作用。教师可以利用课件、图表、动画等演示工具为学生提供更加形象、生动的音频、视频教学内容，可以利用邮箱、QQ、论坛等交流工具与学生进行互动、交流，可以利用测试软件、实训平台等辅导工具让学生在练习和测验中巩固、熟悉所学的知识，可以利用移动学习软件等评价工具对学生成绩进行更全面、综合的评价。

（六）尝试跨专业教学

跨专业教学是指在教师的指导下，不同专业的学生在一个模拟的工作环境中，通过信息的搜索、传递、处理、分析，最终完成不同岗位工作任务并获得知识、能力的教学方法。互联网为会计跨专业教学提供了技术支撑。跨专业教学把会计问题放在一个更为宏观的各专业教学的视野下加以审视，解决了学生的思维整合问题。通过跨专业教学，可以使学生的整合思维能力得到发展，可以消除教师只关心自己本专业教学的心理，可以满足学生体验知识的需求。例如，某些高校跨专业综合实训课程的开设、跨专业综合实训软件的应用都大大拓宽了学生的知识面，提高了学生的学习兴趣，激发乐其上进心，不仅能够提高学生对会计专业知识的认识，更重要的是增加了学生对各专业知识的体验。

在互联网时代，我们的会计教学方法终将发生变革。教师在会计教学中可以选择问题探究式教学、项目教学、利用信息化教学资源教学、尝试跨专业教学、过程性考核教学等方法，这些方法可以进行优化组合和综合运用。无论选择哪种方法，我们都要充分考虑教学内容的特点和学生的特点，充分关注学生的参与度，充分发挥学生的主动性，逐步实现教师的“主导地位”转向“指导地位”，学生的“被动学习”转向“主动学习”。

第三节　互联网时代会计教学资源的改革

一、会计学科网络教学资源建设

当前，高校信息化建设正在朝着“数字化校园”的目标迈进。实现数字化校园，网络建设是基础，资源建设是核心，因此网络教学资源建设已成为当前高校信息化建设的重要内容和任务之一。近年来，很多高校都组织开发了网络课程和学科网站等教学资源，并在现代化教学中推广应用，成为网络教学资源建设的主要内容和载体。网络教学资源建设将常规教学资源与网络信息技术进行有机整合，以起到激发学生自主学习兴趣和实现教师辅助教学的双重作用，是实现教育信息化的重要手段。

会计学科网络教学资源是指基于网络的会计专业教学材料，即基于互联网运行的会计学科信息化教学资源。作为一门热门学科，尤其是实践性和应用性特征明显的学科，会计与计算机和网络的关系十分密切。20 世纪 50 年代开始的计算机在会计中的应用带来了会计数据处理技术的革命，成为会计发展史上的一个重要里程碑。随着计算机和网络技术的迅速发展，计算机和网络在会计工作中的应用范围也在不断扩大，作用也在不断提升。[①]时至今日，计算机应用于会计领域已从最初的单个功能模块发展到集会计核算、会计管理以及预测与决策等功能于一体的综合性软件系统，并实现了网络化管理。与会计学科的发展动态和教育信息化发展趋势相适应，会计学科专业教学中的网络资源使用也十分普遍。会计专业精品课程、网络课程、会计学科专业网站等大大丰富了会计学科的教学资源，增强了学生的学习自主性，提升了教学效果。然而，毋庸置疑，当前高校会计学科网络教学资源建设还存在一些问题，需要加以关注和解决。

（一）会计学科网络教学资源建设的意义和作用

首先，网络教学资源的使用使会计学科专业教学形式和内容得以丰富。网络教学资源的首要特征是丰富性。会计网络教学资源将大量教学资源以网络的形式展现，改变了传统“纸质教案 + 多媒体课件”的教学资源匮乏的状况，使学习者可以更多地浏览、观看、下载各种专业教学课件、视频和图文资料，教学形式多样化。另外，网络教学资源及时地将最新的信息以最便捷的途径呈现在使用者面前，使会计专业学生迅速获得最新、最前沿的专业信息资源，使会计专业课堂内容不再局限于已出版的教材，而是将教师和学生的目光转向对界内最新知识和技能的了解和学习，教学内容大大丰富且更具有前瞻性。

其次，会计学科网络教学资源建设和使用使学生学习的自主性得以增强。高等教育的改革目标之一是培养学生自主性学习习惯，即促使学生从“应付学习任务”向“怀有愉快期望主动学习”转变。网络是当前学生最感兴趣的媒介，通过网络教学资源的使用激发学生探究专业知识的欲望，通过网上讨论培养学生思考的习惯，通过形式多样的互动式教学使教师和学生都摆脱了传统的填鸭式课堂教学模式，强化了师生之间的互动，刺激了双方的主观能动性，使学生学习的自主性得以增强。

最后，会计专业网络教学资源的使用使学生的专业技能得以增强。会计是一门应用性很强的学科，单纯的课堂学习仅从理论上解决了专业知识的讲授，对学生实践知识的运用却未能很好地予以指导。网络教学资源的建设可以有针对性地强化学生对会计知识的实践应用，通过“实践指导”模块的丰富和讨论模拟企业实际会计工作环境，增强学生的专业技能。

（二）会计学科网络教学资源建设的不足

1. 网络教学资源建设偏于“各自为战”，未能有效整合

当前，高等教育会计学科的很多主干课程，如“基础会计”“财务会计”“财务管

① 张素云，王盛，郭瑞娜．会计学理论实践与教学研究报告［M］．北京：中国农业出版社，2016：64.

理”等都是校级、省级甚至国家级精品课程，精品课程网络验收模式推动了其网站建设，充实了会计专业教学资源。但是，精品课程网站建设更偏重于展示而忽略与学习者的互动。很多高校开设的网络课程由于具有互动平台，从一定程度上弥补了精品课程资源的不足，但这些网络课程的开发一般是由任课教师自行组织，教师各自为战的情况比较明显，加之网络课程偏少，使网络课程之间、网络课程与精品课程之间未能有效整合，缺乏协调性和统一性。

2. 网络教学资源整体设计水平有待提高

由于经费的限制和会计学科的专业性要求，当前会计学科网络教学资源建设的主体绝大部分是专业教师或教师团队，这些会计学科专业教师或是以精品课程为契机，或是以网络课程建设为着眼点，进行网络教学资源的开发和建设。这些专业教师具备丰富的专业知识，但对互联网、信息化建设、人机界面构建等方面知识还存在一定欠缺，导致其开发的网络教学资源的整体设计水平不高，影响其使用效果。

3. 网络教学资源“静”多“动”少

在高校信息化建设的大环境下，很多财经学校的会计学科网络教学资源都得以快速开发、建设和使用。但是，从网络教学资源提供的情况看，现有会计学科网络教学资源中大部分仍是以文本教学材料（课程简介、教学大纲、教学课件、重点与难点、课后练习题等）为主，很多内容是教材或授课的简单重复，且以静态的形式呈现。教学是一个动态的过程，是学习者提出问题、得以解决、再产生疑惑和再次解惑的不断循环的过程。静态的信息可以满足会计专业学生对学习的基本需求，但无法满足他们在学习过程中产生的个性化学习需求。当前，“动”少“静”多的会计学科网络教学资源使其不能为学生提供及时的自主学习支持服务。

4. 网络教学资源所提供的便捷下载可能导致教学分析能力下降

众所周知，会计学科网络教学资源信息量丰富，相关课程的教案、课件、习题等静态资料充盈，下载便捷，这从一定程度上缓解了教师对教案等的重新编写工作。然而，正是这些便捷的网络资源可能助长了一批教师的教学“惰性”。教案不用编写，课件不必制作，习题不再新出，很多教师“拿来主义”思想严重，在教学准备过程中“偷懒”，不再根据课程特色、学生特点和自身情况设计教学模式和思路。比较严重的，连最简单的修改都不做，直接从网上下载他人教案和课件在课堂上使用，影响教学质量和效果。长此以往，教师的整体教学能力和教学效果堪忧。

5. 网络教学资源设计中忽略对学生学习过程的监控

会计学科网络教学资源建设的最终目标是向学生提供形式丰富的学习资源，让学生坚持学习并取得良好的学习效果。为达到这一目标，不仅需要在各专业网络课程建设中添加形式多样的学习内容，还应注意设计相应教学环节安排学生充分利用网络资源开展学习任务。当前，很多网络课程中对于学时安排、学习方法介绍等大多是基于传统经验，没能根据网络环境的特点进行系统和有针对性的设计，也有很多网络课程强调了学生的讨论、互动，但因网络教学资源使用的发散性和对学生学习过程的监控不力，影响会计学科网络教学资源的最终使用效果。

（三）会计学科网络教学资源的建设策略

首先，以精品课程为基础丰富网络教学内容，增加多种素材充实“动态”资源。随着高等教育系列实施的“质量工程”改革项目的启动，高校精品课程建设已达到一定的程度和水平。精品课程是集优质师资、高水平教材、先进教学理念和良好教学效果于一体的专业主干课程，最能体现会计学专业核心知识。会计学科网络教学资源建设应以现有的精品课程资源为基础，充实和丰富网络资源的教学内容。同时，为了补充精品课程资源的“静”多“动”少的不足，在会计学科网络教学整体资源库中，增加更多的专业课程的文本、图形、视频等素材，设置“讨论与互动”模块，充实动态资源。

其次，提高教师信息水平，变“拿来主义”为“拿来思想”。在信息化高速发展的当今社会，会计学科专业教师的信息化水平不仅直接决定了网络教学资源的建设水准，还会影响到网络教学资源的使用效果。因此，有必要通过培训、进修和其他方式的学习，提升专业教师的信息化水平，从而提高网络教学资源建设水准。另外，在网络资源使用过程中，引导教师以现有网络提供教学资源为依据进行特色调整和开发，摒弃“拿来主义”，秉持“拿来思想”，以网络资源为手段提升教学水平和教学能力。

再次，增加互动和在线任务等教学环节设计，注重对学生学习过程的监控。为了发挥学生学习的自主性，建议在会计学科网络资源体系构建中添加形式多样的学生自主学习内容，运用“启发式”和“以问题或案例为切入点”的教学思想和教学方式，设计各种类型的学习任务并控制学生的学习过程。例如，通过发布通知、在线完成作业、在线期中考试、案例讨论、跟帖参与讨论等，对学生的学习进行必要的督促。同时，对于重点知识内容的学习还可以提出更高要求，如没有完成必要的学习任务就不能进行下一阶段的学习或不能完成学习过程等要求，以保证对学生自主学习的监督和控制。

最后，以目标为导向构建会计学科网络教学资源体系，整合现有资源。当前的会计学科网络教学资源比较分散，大多处于教师自建、自管、自用的状态，缺乏整体规划。因此，网络教学资源建设的首要任务是确定教学目标，以目标为导向构建会计学科网络教学资源体系。将已有的精品课程、网络课程、学科网站等进行理顺和整合，专业主干课重复部分考虑调整和删减，而对于之前缺乏的专业选修课内容逐步进行增加和完善。同时，设置每位教师可根据自身特点和学生特征进行调整的特色模块，保障网络资源的共用和可循环再用。

二、互联网时代会计教学资源库的建设

基于互联网的会计专业教学资源库以区域经济发展转型及企业需求为依据，以技术更新为热点，打破行业、企业与职业教育的壁垒，形成职业教学与企业用人匹配、校企双主体育人的工学结合平台。基于互联网的会计专业教学资源库具有开放性、共享性、可扩展性、高可靠性，可以满足地区经济转型、产业升级对新技术和人力资源的需求，形成产业集聚，促进地区经济发展；可以满足学生、教师、社会人员对会计知识的需求，共享会计专业优质资源，缩小地区间会计职业教育水平及人才质量的差距。会计具有一定的共通性，基于互联网的会计专业教学资源库的建设必须涵盖共通的会计准则，在此基础上加入与本地区产业结构密切相关的知识体系及实操案例，支持本地区产业转型升级，促进本地区经济发展。

（一）会计职业信息库

会计职业的市场需求面广，电商企业、物流行业、生态农业、制造业、商业、餐饮业、旅游业、咨询服务业、金融行业等都需要会计人员。但不同行业对会计人员专业知识侧重点的要求不同，对会计职业资格的要求也不同。此外，会计从业人员还要了解与自身权益相关的知识和法律条例。会计职业信息库要包含不同行业的企业信息、相关产品的流程介绍、服务内容、会计岗位描述等。

（二）会计专业建设标准库

当前是国家经济转型的重要时期，需要逐步完成从传统制造业和服务业向先进制造业和现代服务业的升级。培养优秀技能型会计人才是高等教育的目标之一，需要调研区域经济、行业发展和企业需求，制定相应的会计专业人才培养目标及方案、课程建设标准等。

（三）会计专业课程资源库

根据企业需求，参考技能型人才的发展规律和会计职业生涯发展需求，以初级会计师能力—中级会计师能力—高级会计师能力为基准线，设置会计专业课程，如初级会计师能力核心课程《财务会计实务》《纳税实务》《会计电算化》，中级会计师能力核

心课程《中级会计实务》《成本计算》《财务管理》，高级会计师能力核心课程《审计》《财务报表分析》《高级会计实务》《管理会计》，特色行业会计课程《物流会计》《旅游会计》《农业会计》《金融会计》等，建立会计专业课程资源库。会计专业课程资源库包括精品课程、课件、名师讲课等视频、核心课程电子教材、企业会计制度准则等。

（四）学习资源库

学习资源库为学习者提供自主学习素材，主要包括文本资料、图片信息、音频或视频文件、虚拟实训内容、职业资格技能训练，以及来自企业、行业一线的实际案例库，帮助学习者实现学习迁移。

（五）测评资源库

测评资源库主要包括专业知识题库、知识运用测试、职业判断测试、技能操作测试、毕业设计等。测试分别在学习开始前和结束后进行。企业可以根据测评结果选择所需的人才。会计课程组建系统具有学前评估监测系统，学习者利用它进行学前分析，教师通过后台评估监测系统准确了解学习者的学习情况，根据学情排列课程。会计虚拟教学系统和实训平台是将会计职业场景、岗位设置、岗位任务和操作角色结合起来的3D虚拟实训系统，具有仿真性、任务操作性和过程判断性。按照工作流程布置典型操作性任务，实现融职业认知、职业判断、业务处理、实务操作、评价反馈和教学管理于一体的实训教学功能。会计资源管理服务器系统是一种基于互联网的双向资源共享，类似于MOOC的教学模式。基于互联网，利用Web技术完成专业门户和课程门户定制，用户打开页面进行学习，并通过成果评价得到反馈信息。基于互联网的会计教学资源库最终实现知识共享、资源开放，面向社会服务于全民学习、终身学习。在会计专业教学资源库建设过程中，要建立长效机制，在论证、立项、建设、评估、验收及维护等环节明确资源库的专业性、实用性要求。具有计算机基础的会计专业人员是教学资源库建设的重要保证。要提高会计专业教学资源库的利用率，就要加快素材的开发与更新，融入现代教育技术，改变会计职业教育的管理方式、教学方式、学习方式及会计专业的建设方式。

三、共建共享高校会计专业教学资源

我国对高等职业教育进行了变革。高校会计专业教学资源的共建共享是其重点，但高校的会计专业在其教育教学资源的共建共享中还存在着许多问题，这会使高校会计专业的教育教学质量受到直接的影响，最终导致其培养效果与市场的需求不相符。因此，对于高校会计专业教学资源共建共享问题的研究是非常重要的。

（一）共建共享高校会计专业教学资源的意义

我国高校关于共建共享会计专业的教学资源具有两方面的意义：一方面是为了优化其资源的配置，使其会计专业的教学资源利用率能够得到提高；另一个方面就是要改变条块分割的现象，改变资源信息的不流通以及对其相关资源信息进行的垄断状况，有利于我国高校转变办学的模式，从而能够拥有建构新型校际合作的良好机会，进而更好地建立起高校与相关企业的良好合作机制。这在很大程度上改善了我国高校会计专业的教学资源重复建设的现象，进而有效地促进了会计专业职业教育平稳可持续的发展。

在高校职业教育中，会计专业的人数是最多的，为此如果不能解决高校会计专业在教学资源共建共享的相关问题，那么高校的其他专业就更不能够很好地解决高校教学资源共建共享的问题了。以此看来，更好解决高校会计专业教学资源共建共享的问题对其他专业解决相关的问题有着良好的示范作用。

（二）共建共享高校会计专业教学资源中存在的问题

随着我国高校的快速发展，我国将对高校的财政投入列入了重点工作过程中，由于缺乏对其统一的规划，导致各自为政的现象愈演愈烈，还使学校的教学及实验实训资源的使用率大大降低，使高校的教学资源闲置和浪费现象普遍存在。由于相关部门对高校会计专业的教学资源的共建共享不够重视，所以存在的问题还比较多。

1. 管理职业教育的模式比较落后

对于高校会计专业教学资源共建共享的最大障碍是陈旧的体制与观念。当下，其他妨碍教学资源共建共享并使资源浪费的原因还包括我国的教育行政部门对高校的管理范围与程度都太大，高校之间的占有资源不平衡，在评估的体系中过分地强调学校的硬件设施，等等。这些都导致高校会计专业的管理模式也比较落后，其教学资源共建共享的问题也越来越严重。

2. 共建共享资源的意识淡薄

我国许多高校的校领导对落实高校会计专业教学资源共建共享的社会价值不够了解，其资源共建共享的意识也不够。由于国家相关财政的支持，高校拥有大量的资源，还把资源当作其部门的所有，不愿意将其进行共享。目前，高校会计专业拥有充足的生源，但是高校之间不沟通的现象还是普遍存在。

3. 共享资源的法规有待完善

目前，关于高校共建共享会计专业教学资源的法律法规比较笼统抽象，不具体。这严重影响到对高校会计专业教学资源共建共享的积极性。大多配置到学校的教育资源都不被重视，相关部门也没有发挥对其动态资源优化的作用。

（三）共建共享高校会计专业教学资源的对策

针对我国高校会计教学资源共建共享的现状以及出现的问题，提出相应的科学合理的建议对策。

1. 重视与社会和企业资源的共建共享

高校在对教学资源规划建设的过程中，应该高度重视与社会和企业进行资源的共享，同时有必要制定一系列的相关优惠政策，进而吸引社会和企业对优质资源进行共建共享，并通过共建的方式把社会和企业优质的资源共同引入高校中。这非常有利于高校会计专业教学资源的共建共享。同时，将高校的人才优势以及拥有科技信息资源的优势充分发挥出来，并且为企业的生产经营服务，进而辐射和推动地方经济的快速平稳的发展。

2. 实行灵活、多样的教学资源管理模式

对现有的实验实训设备的相关管理办法进行改革，并建立有偿的开放服务制度，使高校教学资源的利用率得到大大提高。引入人才竞争上岗机制，建立会计人才的流动和淘汰的相关规定，同时按照实际需要设立相关岗位，聘任相对比较优秀的人才，对优秀的劳动者给予优厚的劳动报酬，允许会计专业的教师开展校际兼聘，并鼓励优秀会计教师为其他的学校进行跨校服务，最终逐渐实现单位人才转变为社会化的教师资源。这一举措对高校会计专业教学资源的共建共享具有很大的促进作用。

3. 制定资源共建共享的法规

制定一系列有关促进高校会计专业教学资源共建共享的相关政策和措施，还要积极地建立共建共享的激励制度和规定，对高校会计专业教学资源共建共享做得好的高校进行资金补贴与奖励。对会计专业教学资源的共建共享项目、学校以及参与的人员给予在资源配置、项目审批、经费投入等方面的照顾，帮助学校消除高校资源共建共享在相关政策上的阻碍，营造出有利于高校教学资源共建共享的良好政策环境。在制定高校会计专业教学资源共建共享办法和相关规定时，充分考虑参与高校会计专业教学资源共建共享的各方利益，将各方的利益进行权衡，提高各方合作的积极性。

第四节 互联网时代会计教学活动的实施

所谓活动教学，是指在教学过程中，以学生自主参与的各种活动为平台，以教学目标的全面达成为着眼点，以学生的能力培养为核心，以促进学生素养的全面提升为目的的一种教学形式和教学思想。

一、互联网时代会计教学活动的实施

（一）现代会计专业课堂教学方法

严格地讲，就课堂教学而言，并无“传统”与“现代”之分，彼此间很难说泾渭分明，而是你中有我，我中有你。所谓“现代”，其实是对“传统”的改进，或者侧重点有所不同，即更加贴近企业会计实践活动要求和会计专业岗位能力需求而已。因而，现代会计专业教学方法更加注重“工作过程”和“业务线索”，而知识的系统性、逻辑性、连贯性则处于相对次要的地位。由此，技能训练显得尤其重要。一切学习最终都是围绕会计工作“过程”“线索”“环节”展开的，“学”是为了“做”，“做”的效果好坏成为验证“学”的标准。“教”完全为“学”服务，是为“学”提供指引、示范和帮助的一项工作，教师是学生的协作者、服务者，共同组成教学活动的“双主体”，师生关系不再是主客体关系或“主辅”关系，而是“双主体间关系”。

（二）互联网场景教学法在会计教学活动中的应用

1. 互联网场景教学法概述

互联网场景教学法是在互联网背景下会计课堂教学经常使用的方法，是以真实会计工作场景为核心，提倡“以用为本，学以致用”，利用项目导向的角色模拟方式，以网络为学习载体，规范并系统地培养专业技术人才，从实际工作内容出发，确定各阶段培养目标、项目实战内容和培训课程内容。具体而言，就是以会计工作经验为指导，强化会计业务处理技能训练，辅以实际企业会计业务测试项目，使用角色模拟方式，通过逐步深入的“六步教学法”，即提出问题、分析问题、解决问题、总结出一般规律和知识，并不断地扩展知识和技能，解决更高级的类似问题，展开整个教学过程。这种教学方法极具现实性、可操作性、可复盘性，打破了学科专业藩篱，以工作过程为导向，以项目为引领，以能力培养为主线，知识学习只为技能提高做准备和铺

垫，因而在会计教学中有广阔的应用前景，可极大提高会计专业教学质量和会计专业人才职业岗位能力。

2. 互联网场景教学在以工作任务为导向的会计教学课程体系中的应用步骤

（1）设置工作场景。针对企业会计实际工作流程和工作场景，结合已经实际投入使用的软件项目，进行项目分析和任务分解，重现企业会计工作任务环境。

（2）安排会计工作主导性项目。所有知识点和技能都是通过一个或者几个项目来组织的，学生通过可扩展的项目案例来逐步学习知识和技能；所有的会计专业实践都是项目中的一个实际任务，通过实践，学员可具备完成一种任务的能力。

（3）进行角色模拟。学员在实际动手操作的课程和项目实训过程中，使用真实的企业项目、真实的企业工作流程和工具，模拟项目组中各种角色（会计、出纳、主管等），协同完成项目和任务，体验和掌握各种角色的工作技能和工作经验。

（4）实施任务分解。在为完成整个项目而必须掌握的概念和知识环节的讲解上，将整个项目划分为多个子任务，再分析每个任务需要的知识、技能、素质要求，并通过完成任务的形式来组织学习内容、设计课程体系。

（5）分享项目经验。通过对企业会计实际工作场景的模拟和实际测试项目的训练，积累实际的项目经验，熟悉项目测试过程中常见的技术、流程、人员协作问题，并掌握相关的解决方法。

3. 互联网场景教学法应用效果

在互联法场景教学法下，知识和技能的传授和自学都严格遵循从具体到抽象、从特殊到一般的规律，将在提升学生职业素质等多个方面产生明显效果。

（1）全面提升学生职业素质。通过互联网条件下的上机操作、项目实践、课堂研讨、在线学习，以及职业素质训练，学员能够从任务目标设定、个人时间管理、团队协作和沟通、冲突和情绪处理等方面，得到会计工作岗位所需职业素质训练。

（2）培养学生团队协作。在授课过程中，学员将被划分为几个团队，每个团队将根据课程内容和教师安排，通过技术研讨、实际操作等手段，合作完成一个任务和项目。

（3）提高学生动手能力。为使学员知识面和思路有所扩展，鼓励学员自己动手，通过实际操作课程中的实验和进行项目演练，培养学员举一反三的能力，从而帮助学员掌握重点会计业务处理技术的应用，为日后完成更大的项目积累经验。

（4）提高学生学习能力。通过项目训练、上机操作、在线学习和讨论，使学员养成自学习惯，并掌握自学的有效方法和工具。

二、互联网时代会计教学活动实施的建议

（一）制定完善的学生个性化跟踪与反馈机制

通过每个知识点完成后学生填写的反馈记录单，可以综合了解班级、每个小组甚至每个同学的学习情况，但学生在课后是否有按照教师的需要认真学习视频资料，诚实完成学习反馈记录单的填写，以及相应的思考题的完成，这需要一套完善的个性化跟踪与反馈机制。目前，这个机制的监督还存在着一定问题，在项目实施中，虽然多次提醒学生一定要认真反馈，但这个监控还是很难操作。在课堂上的小测验虽然能在一定程度上解决这个问题，但还是很难解决根本性的问题。因此，在会计教学活动中，为了保证教学质量，必须制定完善的个性化跟踪与反馈机制。

（二）录制高质量的视频课件

教学活动在实施过程中，主要用的是录屏软件。教师根据制作好的 PPT 课件，利用麦克风，打开录屏软件，进行录屏操作。这种方式可以提前让学生学习知识点的相关内容，但是视频资料不够形象、不够生动，容易使学生产生厌烦情绪。现在学生大多追求视频美观度，追求动画感，而这些是会计专业教师比较欠缺的。因此，在教学活动中，录制高质量的视频是很关键的，具有质感的动画或视觉效果更能吸引学生的兴趣，从而引起他对专业知识学习的深层次渴望。

（三）搭建有效的网络平台

教学活动在实施过程中，目前主要借助的网络平台是 QQ 群和微信群，要求所有的学生都加入相应会计课程 QQ 群和微信群。教师可以借助平台把相关教学资料上传，学生可以借助平台下载相关资料。当然，学生在学习过程中也可以借助这个平台向教师、其他同学提出问题，共同讨论问题。但是，这个平台很难去逐一记录学生的总体学习情况、学习时间等。目前，有很多的信息化教学工具可以应用，如超星学习通或蓝墨云班课等，在会计的教学中引入合理的网络平台对提升课堂教学效果是非常有效的。

第六章　互联网时代会计教学改革的实践应用

第一节　互联网时代会计教学改革中 MOOC 的实践应用

一、MOOC 的含义与特点

（一）MOOC 的含义

MOOC（慕课）即大规模开放在线课程，是互联网时代下教育发展的产物。所谓 MOOC（慕课），顾名思义“M”代表 Massive（大规模），与传统课程只有几十个或几百个学生不同，一门 MOOC 课程动辄上万人，最多达 16 万人；第二个字母“O”代表 Open(开放)，以兴趣导向，凡是想学习的，都可以进来学，不分国籍，只需一个邮箱，就可注册参与；第三个字母“O”代表 Online（在线），学习在网上完成，无需旅行，不受时空限制；第四个字母“C”代表 Course，就是课程的意思。

（二）MOOC 的历史发展

MOOC 有短暂的历史，但是却有一段不短的孕育发展历程。准确地说，它的起源可以追溯到 20 世纪 60 年代。1962 年，美国发明家和知识创新者 Douglas Engelbart 提出来一项研究计划，题目为《增进人类智慧：斯坦福研究院的一个概念框架》，在这个研究计划中，Douglas Engelbart 强调了将计算机作为一种增进智慧的协作工具加以应用的可能性。也正是在这个研究计划中，Engelbart 提倡个人计算机的广泛传播，并解释了如何将个人计算机与“互联的计算机网络”结合起来，从而形成一种大规模的、世界性的信息分享的效应。自那时起，许多热衷计算机的认识和教育变革家们，发表了大量的学术期刊文章、白皮书和研究报告，在这些文献中，他们极力推进教育过程的开放，号召人们将计算机技术作为一项改革“破碎的教育系统”的手段应用于学习过程之中。

MOOC 这个术语是 2008 年由加拿大爱德华王子岛大学网络传播与创新主任与国家人文教育技术应用研究院高级研究员联合提出来的。在由阿萨巴斯卡大学技术增强知识研究所副主任与国家研究委员会高级研究员设计和领导的一门在线课程中，为了响应号召，Dave Cormier 与 Bryan Alexander 提出了 MOOC 这个概念。George Siemens 与 Stephen Downes 设计和领导的这门课程为《连通注意与连通知识》，在这门课程中有 25 位来自曼尼托巴大学的付费学生，还有 2 300 多位来自世界各地的免费学生在线参与了这门课程的学习。所有的课程内容都可以通过 RSSfeed 订阅，学习者可以用他们自己选择的工具参与学习：用 MOODLE 参加在线论坛讨论，发表博客文章，参加同步在线会议。

MOOC 课程在中国同样受到了广泛关注。根据 Coursera 的数据显示，2013 年 Coursera 上注册的中国用户共有 13 万人，位居全球第九。而在 2014 年达到了 65 万人，增长幅度远超过其他国家。而 Coursera 的联合创始人和董事长吴恩达（Andrew Ng）在参与果壳网 MOOC 学院 2014 年度的在线教育主题论坛时的发言中谈到，现在每 8 个新增的学习者中，就有一个人来自中国。果壳网 CEO、MOOC 学院创始人姬十三也重点指出，和一年前相比，越来越多的中学生开始利用 MOOC 提前学习大学课程。以 MOOC 为代表的新型在线教育模式，为那些有超强学习欲望的 90 后、95 后提供了前所未有的机会和帮助。Coursera 现在也逐步开始和国内的一些企业合作，让更多中国大学的课程出现在 Coursera 平台上。2019 年 4 月 9 日，参加中国慕课大会的 600 位代表汇聚北京，为办好更加公平更有质量的中国高等教育，就中国慕课地更快建设、更好使用、更有效学习、更有序管理，共同发表《中国慕课行动宣言》。

（三）MOOC 教学模式的主要特点

1. 大规模

不是个人发布的一两门课程：大规模网络开放课程（MOOC）是指那些由参与者发布的课程，只有这些课程是大型的或者叫大规模的，它才是典型的 MOOC。从当前的情况看，传统的线下课堂人数一般控制在 100 人以内，有的甚至远远不及百人的 1/3。但即便如此，这类规模的课堂人数也并不算太小（尤其是高校的通识课与公选课课堂），这便是传统课堂与慕课课堂的一个显著差别，因为对于慕课课堂而言，100 人的课堂几乎是不存在的，其规模至少是几百人、几千人甚至是几万人，这还不包括没有上线的。由此可知，慕课课堂学生的数量是普通课堂学生数量的无数倍。当然，这是通常的情况，特殊情况除外。因此，从不同的角度凸显出了慕课的规模之“大”。

2. 开放

就当前开展慕课的形式而言，现有的慕课开展过程都是不需要收取任何费用的。从已有慕课来看，不仅如此，在全部课程都结束后，学习者还享受一定的福利，即指学习者可以通过在线测试等多种手段，与专家学者进行长期的亲密互动，并且还能得到由此平台颁发的非纸质版证书；同时，慕课的发展还存在一个不容乐观的趋势，具体是指某些慕课平台为了抓住学生的眼球，提高其本身对学生主体的吸引力，主动与能够为学习者提供学分的大学合作，从而要求学习者必须为此支付费用。因此，我们从中可以看出，这在一定程度提高了慕课学习的要求（尤其是指高校的通识课与公选课课堂）。

3. 网络课程

网络课程不是面对面的课程，这些课程材料散布于互联网上。人们上课地点不受局限。无论你身在何处，都可以花最少的钱享受美国大学的一流课程，只需要一台电脑和网络联接即可。斯坦福大学校长约翰·L·汉尼希（John L. Hennessy）在最近的一篇评论文章中解释说："由学界大师在堂授课的小班课程依然保持其高水准。但与此同时，网络课程也被证明是一种高效的学习方式。如果和大课相比的话，更是如此。"

4. 非结构性

从慕课的基本内容看，其依然存在着一些不足之处，那就是绝大多数慕课提供的课程内容是比较杂烩的、不系统的。当然，它的独特之处也是十分显著的，如其内容是多种知识系统的"杂烩"，因此它的知识系统是一个类似于"网站"的四通八达知识网络，凝聚了无数专家学者的思想精髓。除此之外，慕课的原始内容并不是一开始就被紧密地联系在一起，而是通过"慕课"这个媒介而相互交融在一起，从而构成了一个完美的知识系统。通常情况下，没有任何一个西方的学者能够将慕课设计为顶端课程。因为，起初在大多数人眼中，它只是一些热心教育的人士，或者在一些领域顶尖的专家，为传播该领域的知识而提供的"志愿者"服务。或许，在这一过程中，曾经出现过重视慕课发展的学者，但其只是为了达到一定的功利性目的，或是出于授予学位的需要，或是出于建立课程标准的企图，或是为其自身发展谋求一定的福利。

从我国教育的基层出发，目前我国已经突破了微视频的局限，不但侧重于提供精准的课后辅导，而且充分突出慕课的"媒介"地位，以实现其课堂性质的转变。然而，在中小学等初级教育体系中，要想教师和学生充分理解碎片化知识中的重点和它的内在逻辑（还可将其称为"基于系统设计的碎片化学习"），这是在教育过程中值得每个人思考的问题。而产生这一现象的重要原因，即在于中小学的课程内容的基础性、原则性，而且以上分析也是东西方慕课发展方向以及发展途径有着巨大差异的原因。

5. 自主性

一般而言，每个主体对同一名词的理解都是不一样的。所以，自主性从不同的学者角度考虑有着不同的理解。首先，从关联主义的慕课推崇者看，“自主性”标志着学习者可以根据自身的情况设定适合自己的阶段性目标；其次，特定的主题限制内，时间、地点、投入的精力等要素都是靠自己把握的；再次，课程学习的形式和程度也都是靠自己衡量的；最后，其课程考察缺乏准确的标准。当然，特殊情况除外，但值得注意的是，学习者都必须根据自己的真实情况进行比较准确的评价。总之，这种类型的慕课完全依靠学习者本身的自觉性。

但是，从另外一个角度看，除了极少数学者的看法，大多数学者都认为，慕课的自主性是学习者对自己学习体现出的认真、负责态度的表现。此外，学生进行有效的慕课学习的原理是：从教师规定基本任务出发，学生可以进行自主的探索、研究，并对此课堂的重点进行更加透彻的理解，以及积极进行不同个体间的讨论。其中，最重要的是学生必须积极主动的学习。

二、MOOC 的教学方法

2014 年 3 月，英国爱丁堡大学的贝涅（Sian Bayne）和罗斯（Jen Ross）在一份研究报告中指出：“在过去几年里，在学术界和教育界，慕课备受关注，大量的报道、争论以及研究报告涌现出来。然而，有一个领域，在这些讨论和论证中并未得到应有的重视，这个领域就是慕课教学法。”

那么，慕课到底是怎么教的？又是如何学习的？慕课发展到今天，其教学法到底是什么样的？焦建利教授结合过去几年学习、体验、持续追踪国内外有关慕课及其研究报告的心得，从以下几个方面归纳总结了慕课教学法。

（一）分布式学习与开放教学

慕课的教与学是基于互联网的教与学。因此，慕课教学法自然离不开互联网思维的影响，如 Web4.0、分众、众筹、分布式学习、开放内容与开放教学等，都可以归结为慕课教学的策略与特色。

其实，回顾慕课的历史，慕课的分布式学习与开放教学思想可以说是贯穿始终的。2007 年，科罗拉多州立大学（CSU）的藏维·威利基于 Wiki 技术，开设了一门在线的开放课程，来自 8 个不同国家的 60 位学习者共同参与了课程的建设。该课程的学习可以说是一种产生式的学习，而不是消费式的学习，因为学习者的学习本身就是该课程建设的过程。因此，其课程最大的特色可以说是开放内容。

2007 年，一门名为《社会性媒介与开放教育》的课程在加拿大问世。该课程的参与者主要是来自世界各地的专家学者担任客座教授，在线参与课程与研讨。因此，该课程最大的特色可以说是开放教学。

在此后的 2008 年，加拿大学者斯蒂芬·唐斯与乔治·西蒙斯又共同创造了另一个重要成就，即一门名为《连通主义理论》的课程。这门课程之所以被公认为历史上第一门慕课，是因为它不但融汇了无数学者思想的精髓，而且容纳了许多先进的思想。更令人惊叹的是，该课程还巧妙地应用了著名的学习理论和框架。

回顾早期的慕课，我们不难发现，慕课教学实践了开放内容、开放教学、分布式学习的鲜明 Web4.0 思想，并由此逐渐形成慕课不同于以往大学课程，乃至以往在线课程与网络课程的教学法特色。

（二）带有测验题的、短小精悍的视频

视频作为教学材料，在远程教育与开放教育实践中的应用由来已久。然而，以往的视频课件由于缺乏互动，加之时间普遍过长，不符合互联网时代人们的认知规律和“注意力模式”。为此，短小精悍的在线教学视频开始受到人们的普遍欢迎，这也是微课盛行的原因。

其实，在现有的慕课平台和课程实践中，人们看到的课程视频，除了短小精悍之外，还有一个非常突出的特色就是在课程视频中嵌入测试题。嵌入了测试题的课程视频看起来似乎更加短小精悍。这些测试题既是对学习者在线学习效果的检查，同时，又可以使课程视频变得便于交流，互动性更加突出。

在慕课的课程视频方面，特别值得一提的是，几乎所有的慕课都提供了短小精悍的课程简介视频，从而使学习者在选择课程之前，对课程的目标、内容、形式以及学习成果有一个清晰、明确的认识，而这些短小精悍的课程简介视频本身又是对这门慕课的一种宣传和营销。

其实，在传统大学里，绝大多数课程简介，往往是高年级学生向低年级学生的一种口耳相传，而这种口耳相传难免会带有高年级学生自己的理解和认识，因此未必是全面的、准确的和正确的。在大学里，如果可以将慕课中的这些课程简介视频，引入现实的大学课程与教学之中，相信对于推进高等教育的混合学习会有很大的帮助。

（三）慕课学习是一种自觉、主动与自组织学习

慕课的学习，是以学习者自己习惯和喜欢的方式学习，是按照学习者自己的步调

和节奏展开的学习，是完全基于个人兴趣的、为了自己给自己设定目标进行的学习。因此，慕课学习是完全自觉、自主、自愿、自控的学习。

慕课遭受质疑比较多的地方在于，学生不学习怎么办？的确，学习的自觉性和主动性是任何学习的基础与前提。在线学习的特点之就在于自觉性、自主性和自控性。

印度物理学教授苏伽特·米特拉（Sugata Mira）自 1991 年在印度新德里贫民窟的学校开展的“墙上的洞”（Hole in the Wall）的实验告诉人们，当他们把计算机和网络给予儿童的时候，儿童可以自己教会自己，儿童驱动的教育是被人们忽视了的教育。为此，他从印度新德里的学校开始，“挖洞”不止，一直“挖”到意大利、南非、英国。他提出的儿童教育理论应当引起人们足够的重视。人们应当鼓励、帮助和教会学生主动学习与自组织学习，应当给予孩子信任。学校和教师不是把缺乏主动性和自觉性的学生，从小学到中学最后到大学，一直呵护托管。这样，到毕业的时候，他们依旧缺乏自觉性和主动性。学校和教师的职责应是帮助学生获得学习的自觉性、主动性和自控性。

过去一直有人追问，慕课与在线课程有什么区别？与大学视频公开课有什么区别？与传统大学的课程到底有哪些不同？不久前，笔者读到加拿大学者，也是慕课的先驱者——斯蒂芬·唐斯教授的观点，颇受启发。著名学者曾说过：“一门慕课与一门传统课程之间最大的一个区别就是，一门慕课的学习是完全自愿的。你决定自己是否要参加，决定自己要以什么方式参加，觉得对自己有意义，然后你就可以参加。但是，如果你觉得无聊，不想参加，那就可以不参加。”

从中我们不难看出，慕课的性质便是学习者能够进行积极主动、自组织学习。自觉、主动与自组织学习也是慕课教学法的特色之一。

（四）同伴评分与评估

学习者是重要的学习资源。慕课作为一种具有绝对优势的课程，具备以下优势：在线课程规模大：参加课程的人数多。少则数万人，多则几万人，甚至几十万人。如果将之与传统课堂相比较的话，它们之间的规模简直存在着天壤之别。如若每日专门负责作业的批改，要批改完所有学习者的作业，少说也得 150 年。

由此，我们可以从中归纳出以下规律：即大部分慕课平台常用的对学习者各方面进行评价的方法是同伴互评与评估。这既是慕课平台与教师团队的无奈之举——面对十五六万名学习者，的确没有更好的办法，同时，又可以说是慕课教学组织的一项创造和创新之举。而这种同伴互评或称为同伴评分与评估，在本质上是一种“同侪互助学习”。

“同侪互助学习”（Peer Learning）是一种新型的合作学习模式。它是学习者在教师的安排指导下，被分配成互助小组，共同完成教师布置的任务。在非正式学习情境中，它是指学习者自发形成互助学习。[①] 它可以看作是学习者之间相互请教问题、开展与学习相关的情感交流、进行头脑风暴彼此启迪智慧等。

在几乎所有的慕课平台上，慕课平台管理者或课程组织者往往对学习者之间的同伴评分与评估有一些明确的、具体的和基本的规定。比如，在 Coursera 平台上，台湾大学教授欧丽娟讲授的“红楼梦”课程中就明确要求，每一位修读该课程的学习者都必须批改五份他人作业。同样，每份作业会有五位不同的学习者进行批改。作业批改的时间一般为作业截止日后一周，课程平台和授课教授对评分细则和扣分规定都做出了明确说明。比如，引用他人文字未注明，视同抄袭，该次作业不予计分。而每一次作业的具体规定，视每次作业内容的不同而不同。

由于一门慕课可以吸引大批学生，其中不乏一些很有经验和有素质的学习者。这些学习者可以帮助和指导那些缺乏经验的学习者。在某些情况下，学习者之间展开的同伴互评（Peer Grading），完全可以用来协助授课教师的课程教学，并使作业的批改者和被批改者都能从这种同侪互助中受益。当然，对于慕课的同伴评分与评估，不同的人也有不同的理解和看法。一些学者认为，当慕课迎来了如此多学生的时候，这种“退而求其次”的同伴互评方法，似乎是不得不做出的无奈之举。阿曼卡布斯苏丹大学的副教授爱莎·阿尔哈蒂（AishaS. Al-Harthi）非常重视文化差异给同伴互评带来的影响。她认为，“不同的文化会从不同角度看待评价、评价的需要以及给出评价的人”。在慕课中，同伴互评自然就不可避免地涉及不同文化中的人们如何对同伴进行文化假设的问题，而且与阅历丰富的教授相比，年轻的学生在文化上反而更趋保守。

（五）实践社群中知识的建构

无论参与慕课的人数多少，每一门面向全球学习者的慕课，其实都形成了一个全球性的、专门性的实践社群。

由麻省理工学院在 edX 平台上开设的《电路与电子学》课程，迎来了 15.5 万名学习者；同样，2011 年，斯坦福大学在 Coursera 平台上开设的“人工智能导论”课程，则迎来了世界 199 个国家的 16 万名学习者参与。这两者其实分别是面向全球性的电路与电子学实践社群和人工智能实践社群。

---

① 许琳．浅谈会计信息化对会计教学的影响 [J]．商业文化月刊，2012（11）：56-58.

为此，在实践社群中学习者的学习与知识建构，便成了慕课教学法和学习方法中的核心意义。假如这个观点成立，如果实践社群中学习者的知识建构是慕课教学法的重要组成部分。那么，实践社群中学习者的知识建构究竟是如何发生的呢？

来自世界各地的学习者自发地走到一起，完全自觉自愿地聚集在一个慕课平台上，为了共同的主题、兴趣、事业，在课程论坛中建立学习者之间的互信，围绕课程内容和专题，开展基于网络的协作学习与合作学习，通过对话、沟通与交流，共享彼此的隐性知识，建立共同的实践，将在线学习的隐性知识转变成每一个学习者的显性知识，运用于各自的学习、生活、工作与日常实践之中。在这样一个全球性的在线实践社群中，聚集着如此多的具有共同兴趣的人，形成了一个庞大的在线实践社群，来自世界各地的学习者在这里建构了自己的知识体系。

2013 年 3 月，在 SXSWedu 会议的一个特别主题对话中，edX 总裁阿南特·阿加瓦尔描述了他自己首次教授慕课时的喜悦心情："在我的印象中，给我最大冲击的是讨论的威力。起初，面对 155 000 个学生，晚上我简直夜不能寐，我不知道如何去回答来自学习者的问题。所以，在第二天的课程之后，到了夜里 2 点，我还在奋笔疾书，我在以最快的速度观看学习者之间的讨论，回答他们提出的问题。一个问题弹出来了，我便准备在键盘上打字回应他的问题。可是，就在我提交答案之前，我看到另外一个同学回答了他的问题。当时，这个同学还在巴基斯坦。他差不多准确地问答了第一个同学提出的问题。我想我可以给出一些补充，就在这个时候，另外的同学义补充了新的答案。我把自己的身子放回椅子上，心想，这简直太迷人了，我茅塞顿开……"

阿加瓦尔教授的这段描述，从一个慕课教师的角度剖析了一个在线实践社群中学习者之间的同侪互助行为，也为人们勾勒出了慕课教学之中，学习者在全球性的在线实践社群中的学习与知识建构历程。一门慕课的典型形象是以短小精悍的讲座视频和多项选择题为中心的。但是，人文科学、艺术、自然科学类慕课开始越来越侧重社群构建和社会性交互。对于教员而言，在这样一门课程中，教员的目标就是去建立一个学习社区。对于学习者而言，慕课学习的重要组成部分就是在实践社群中的互动与交流。因此，实践社群中知识的建构是慕课教学法中的一个重要组成部分。

（六）连通主义学习

连通主义学习理论是由加拿大学者、教授乔治·西蒙斯首次提出的。它是一种经由混沌、网络、复杂性与自我组织等理论探索原理的整体。该理论认为，学习不再是一个人的活动，而是连接专门节点和信息源的过程。学习是一个过程，这种过程发生在模糊不清的环境中，学习（被定义为动态的知识）可存在于我们自身之外（在一种组织或数据库的范围内）。我们可将学习集中在将专业知识系列的连接方面，这种连接能使我们学到比现有的知识体系更多、更重要的东西。

连通主义将学习看作一个网络形成过程，它关注形成过程和创建有意义的网络，其中包括技术中介的学习、承认当人们与别人对话的过程中有学习发生。连通主义强调外部知识源的连接，而不仅是设法去解释知识如何在人们的头脑中形成的。因此，从这个意义上说，连通主义表达了一种“关系中学”和“分布式认知”的观念。

从某一定义上说，慕课的学习在本质上也是一种对连通主义的学习。正因如此，我们可以找出以下规律：该课程学习者的多样性；该课程学习者都有着不同的目的和方法。同时，也正因为如此，使不同学习者即使在学习该课程的同一阶段时的思维方式、学习途径仍然不一样。更造成了不同学习主体有着完全不一样的学习模式、思维习惯。学习者参与该课程的方式和模式不同，直接导致了学习者的学习路径不同。从中，我们不难得出以下结论：慕课课堂的学习是学习者个性化的体现，它决定了不同的主体必然拥有不同的交往方式、不同的思维方式、不同的学习模式。但不可否认的是，它的本质仍属于连通主义的学习。所以它必定具有其所有的特征，而“关系中学”和“分布式认知”便是最典型的代表。

归根结底，就学习者方面而言，有一些行为不但是一种监督和鼓励，而且还是一种连通主义学习的特色，如结伴学习、寻求监督与获得证书等行为，而这一切都源于人的属性，即人类是一种社会性动物。众所周知的是，果壳网 MOOC 学院在世界文化史上占据着独特的地位：一方面，体现在它拥有着世界上由数以万计的仰慕者、学习者组成的巨大学习团队；另一方面，体现在它不仅是中文互联网上影响最大的社区讨论评课点，还是世界上概括诸多华人学习的最大优秀平台，也是全球最大的华人学习平台。在这里，各民族可以毫无拘束、抛除一切干扰因素、毫无顾忌地探讨慕课，在共享课程与学习资源的过程中，相互取长补短，以谋求共同发展。

（七）从慕课到小规模限制性在线课程：混合学习

伴随着幕课发展速度越来越快，它在全球内产生的影响也是不可忽视的。首先，现在很多的机构和大学都在立足于学习者的兴趣研发自己的课程；其次，很多其他的学校在思考，究竟如何把那些世界顶尖一流大学的课程应用于自己学校的实际应用中去。因此，我们看到，有一些大学也在努力尝试着应用一种更好的课程——小规模限制性在线课程（Small Private Online Coursera，SPOC）。我们所说的这种课程，在一种新的层面上又产生了新的教学环境，它本身的特性就十分值得令人思考，不仅能去除过去那种传统的方式不足之处，还能在一定程度上融合比较大规模的课程。

其实，我们回望过去，能看到现在很多高校越来越朝着一个新的方向发展。比如，在中国的东西部高校课程共享联盟就是一个很好的例子，它在2013年的4月于重庆大学成立。这个联盟的存在本身就具有它自己的意义，意图解决当前在各个高校中的课程选课不足的问题，通过跨越各种条件的限制，力图培养更多的具有创新精神的人才。此联盟的课程采用的是混合式教学。它有着三种不同的分类：本地课堂的大班授课、直播课堂的大班授课、在线课堂的进阶式学习。总的来说，这三种模式各有各的特点，但是它们也存在着共同点。这三种模式都有作业、考试、辅导这一特点。

2014年5月13日，深圳大学联合了国内56所地方高校，共同发起成立了“全国地方高校UOOC（优课）联盟”，本着共创、共担、共享的原则，立足于联盟的共享性特点，集合其本身的优势，采用优秀的特级教师授课，通过大量的网络课程授课，更大范围地为更多人进行服务。

把慕课资源融合到大学课堂之中，不但可以以慕课的资源来对教师的综合素质进行提升，以求更好地为学生服务，而且也可以促进大学课堂的课程教学改革，加快当前高校教学质量工作的改革，这对慕课来说，也是其进军全球的一个重要方向。

（八）精熟学习的理念

精熟学习是一种比较全新的教学方法，它的重点在于“教”和“学”。在这个过程中，它通过在比较小范围内的课程学习给每一位学生练习的机会，以掌握技能。当然，不可否认的是，学生在学习步骤上的进度不同，有快有慢。因此，我们立足于这一点，进行精熟学习，尽量减小学生在学习上的差距。所以，我们又可以说精熟学习还是一种比较个性化的学习方式。

立足于精熟学习的教学实践，授课教师可以把所要授课的单元分割为一个又一个的小单元，在每一个单元中都有着自己的小目标，授课教师会告知学生自己的小目标以及相应的标准。但是倘若这个学生对这个小单元掌握的还不熟悉，它还可以再一次对这个小单元进行相应的学习。在精熟学习的课堂上，力求每一位学生都学有所得，是精熟学习的总目标。

因此，我们所说的慕课学习也是一种精熟学习，在慕课学习的课堂上，精熟学习可以说是一种非常常见的教学方法。它本身作为一种远程教育的教学方式，在组织形式上有学生每周学习的阅读资料以及其他的活动。同时，在慕课的课堂上还有嘉宾的在线演讲和在线的研讨活动等，当慕课以小步骤的形式出现在课堂上时，就注定了它本身具有的优越性是前所未有的，它是慕课将理论真正应用于实践的有效形式。

（九）在线学习的技术支持

我们知道慕课作为一种在线课程的远程教育方式，它和传统网络授课也有着共同点，都是有着技术支持的。在慕课的学习过程中，学生本人进行学习的主观意愿是十分重要的，还有学习目的、学习愿望，以及学习的自觉性和自控性也是很重要的。因此，学生本人的学习素养和信息素养将在慕课学习中产生决定性作用。

曾经有一位加拿大的著名学者，同时也是慕课学习的一个重要先驱人物乔治·西蒙斯曾经说过："在我讲授的所有慕课中，使用的阅读材料和资源都反映了在这个领域内的专家们的认知，对于我们来说，就是要求学习者在学习的过程中试图超越知识本身……学习者们自身需要创建一个共享资料，如我们常用的文章、博客、视频、图片等，我们说的慕课就是要通过一个 MOODLE 平台进行课程的进一步升级，在这个过程中，伴随着许许多多的课程和工具进行不同的交流和互动：飞鸽、第二人生、博客等诸如此类的媒体工具。"

不可否认的是，慕课不但是建立在开放式学习的交流过程中，而且也在某种程度上更加依赖连通主义的理论和框架，所谓的学习者在这个过程中，是必须要依赖连通主义的理论和框架的，只有学习者不断地积极参与到这个过程中，它本身的价值和意义才可能得到实现。同时，它也离不开技术支持，技术支持是很重要的一个方面。

（十）终身学习与非正式学习

在一定程度上，比较正规的学校和非正式学习是有不同的，非正式学习指的是在日常的学习和生活当中，在非正式的学习时间内接受全新知识的学习形式，主要指的是做中学、玩中学、游中学。比如，日常的打球、读书、沙龙等，它主要指的是成年人。

当慕课出现后，慕课为世界上很多人提供了一种全新的学习方式，学习者可以享受到世界上最好的大学资源进行学习，它是可以进行终身学习的。

在发展趋势上，慕课不仅存在于大学课堂当中，同时它还适应了时代的需求，逐渐被更多的成年人接受。和过去的那种传统的课程相比，慕课的学习取决于学习者本人的学习意愿，在正规学习和非正规学习之间，慕课必定会成为一种十分清晰的界限存在于这两者之间。

人们在新时代里对慕课的看法也是不同的，有的人持赞成态度，而有的人则持反对态度，可谓褒贬不一。但无论怎么说，慕课都为这个新的时代提供了一种新的学习方式。

不管是赞成也好，反对也罢，它们都基于对慕课的课堂教育和传统的课堂学习立场上，对慕课提出了自己的看法。这些观点可以说是对传统教育方式的假设，其中不可避免存在很多错误的看法。但对于新生事物，它总是要经过实践的检验，现在我们并不能为它盲目地下定论。

三、互联网时代 MOOC 在会计教学改革中的应用

（一）MOOC 对传统教学的挑战

信息技术的进步，带来了教学的新一轮改革，而且对传统的财务会计领域构成了极大的挑战和颠覆，它主要体现在教学资源、内容、互动，以及教学形式等方面。

1. 慕课对传统教学资源的挑战

传统意义上的财务会计资源是十分有限的，很多的优质教学资源是很难实现共享和开放的。再加上会计的课本成本较高，和其他专业的教育课程相比较，在学生和老师之间，会计教学都没有得到足够的重视。传统的财务会计教学向社会传播仅是通过出版物的方式，而且个别的时候是用精品公开课的方式对社会进行公开的，很少能对慕课的教育改革提出实质性的意见，在大学中更是如此，精品公开课很少向社会进行开放。

在大学的会计教学过程中，存在教学的封闭状态和个别大学生对优质资源的垄断，以及对资源的独占方面。因此，在慕课背景下，可以使财务会计教学的资源得到开放共享。在大学的会计教学过程中，慕课不仅能够使学生在教学平台享受到最优质的教学资源，而且能紧密结合企业的实际情况使水平突出的教师在社群里脱颖而出。在授课过程中，通过微视频能够最直观地接触到企业中最新的原始凭证、记账凭证账户、会计报表等资料，并且能够书写规范、掌握各种凭证和账表的填列以及注意事项等，并在此过程中，通过模拟仿真软件进行模拟中的实现，从而提高了学生的学习热情与效率，使课堂更能吸引学生的兴趣。

2. 慕课对传统教学内容的挑战

传统财务会计教学与慕课教学相比不同的是，传统财务会计教学主要是以教师授课为主，表现为以教师为主体，学生作为被动反应的行为者进行行为主义学习模式，在传统财务会计教学中，讲解、演示、模拟是会计教学的主要流程，教师是设计者和组织者是课堂的主体，而班级的一切事务都由教师主要操刀。例如，班级分组、材料的发放、操作规范及进度安排、注意事项等，这些在很大程度上抹杀了学生的主体性。而教师作为授课的主体，课堂内容、问题答案都是预先安排的，而学生只是机械地模仿教师的思路，不会挑战教学权威或者对教学过程产生怀疑，大大降低了学生的积极性，无法培养其独立分析和独立思考问题的能力，从而抑制了学生的创新能力。

与传统财务会计教学相反，慕课教学是以学生为中心，其教学方式呈现多样性，多为利用现代化信息技术，实现人与人之间互帮互助的连通主义学习模式。在这个模式下，学生作为学习的主体，以学生为中心，教师不再是单一的传授者，它的职能表现在更多的辅助效应，而知识的讲解主要由课上转为课下，这就需要学生们通过网络教学平台和仿真实验平台进行线上学习，以及模拟操作、搜索资料、在线测试答疑以及相应的互相交流活动。在这个过程中，教师进行演示，指导学生进行模拟操作。运用这种教学方式，能够促进以学生为中心的学习形式形成，能够充分调动学生的积极性，有利于提高其实践能力和创新能力，有效地融入学习生活中去。

3. 慕课对传统教学互动的挑战

我们认为，传统财务会计教学中互动较少。而学习应发生在个体内部，它有内化学习者的活动，并承认学习者生理特征在学习中的重要性，且忽视外部性与技术的作用。而在行为主义理论的指导下，传统财务会计教学中都是教师授课，学生只是被动地接受知识，是学习的承受者。在传统的实验教学过程中，即使是由小组成员完成实验操作，但由于学生缺乏相应的实验理论知识，在日常课程中对于授课内容不了解无法向老师教学提出质疑。因此，只能按照老师的教学程序进行操作，实验结果只是唯一的。这样就造成学生与教师之间互动交流少，而学生与学生之间也无法形成相应的互动。

4. 慕课对传统教学形式的挑战

传统财务会计教学仅限于课堂。行为主义理论与认知主义理论是在信息与网络技术不发达的条件下形成的，其认为学习的空间场所是学校，学习活动主要在课上完成，教师讲解注意事项，演示操作步骤，课下学生完成教师布置的作业。这种集中授课方式不能体现个性化教学，由于受到实验材料和小组分工限制，每个学生不可能接触到全部实验操作。

（二）MOOC 在会计教学中应用的基本流程

1. 课前准备简单

（1）教师应借助网络平台，充分收集学习资料。目前，国内网站关于会计教学的学习资料和视频都非常多，这些视频资源质量参差不齐，而且缺乏一定的针对性，与教师的教学计划有出入，难以满足实际的教学需求。因此，对于教师而言，不能采用现有的网络资源进行教学，而应该根据学生的实际情况，学生使用的教材，相应的知识点等，合理选择并整合现有的学习资源。教师在收集学习资料时要全面，避免单一化。

（2）教师应将慕课理念融入教学设计，整合教学内容。当今学生接收信息的途径简便，学习渠道多，慕课就是其中之一。如果教师不能与时俱进，讲的知识很可能无法吸引学生，不仅不能激发学生的学习兴趣，还可能打击学生的学习积极性。因此，教师在课前准备阶段，可以借助幕课理念，重新梳理单元教学内容，把适合通过教师讲授、演示的知识点分离出来。例如，教师可以将基础会计教材内容按照实际工作要求，拆成一个个连贯的项目，每一个项目细分成若干个知识点，根据知识点的重要程度和难度，进行教学设计。针对重点难点部分教师可以制作教学视频，供学生课后消化吸收。

当然，在教学内容的整合上，需要教师投入大量的时间和精力，高校可以根据自身的情况，成立课程改革小组，不断探索和寻找适合学生学习的教学模式。

（3）培养学生课前自主学习的习惯和兴趣。教与学是统一的，学生课前能自主学习相关知识，对课程教学有很好的促进作用，能大大提高教学效果。学生课堂下自主学习，对学生的自控能力有较高的要求。教师需要在课前设计好相关问题或任务，要求学生在规定的时间里完成相关的任务，收集学习过程中存在的问题。通过建立 QQ 群、开通微信、制作短视频等方式，与学生保持交流和学习，把相关的学习资料、课外学习网站、作业、联系等上传到群共享，供学生下载学习。这样教师能及时解决学生反馈的问题，拉近教师与学生之间的距离，大大提高教学效果。除此之外，为了监督自制力较差或者学习懒散的学生，将课堂下的任务完成情况，严格纳入考核方式里面，通过加大过程性的考核，提高学生自主学习的兴趣。

2. 课堂内化阶段

课堂内化阶段就是以教师和学生为主体，教与学相统一的现场直播，与慕课学习相比，同样的教学设计和授课教师，学生与教师面对面的交流更胜一筹。可问题在于同样的一门课程，不同的教师授课会产生不同的效果，有的教师能更好地吸引学生，受学生的欢迎，课堂效果好，有的则相反。这跟教师的教学能力、教学手段等是分不开的。

3. 课后巩固阶段

在校学生必须培养和提高其自学能力，充分发挥主观能动性，而这些能力的培养和提高，关键在于学生对课后时间的利用。为此教师，可以建立课程群和微信群，方便和学生随时交流，并及时发布课程相关信息，对于学有余力的学生，还能在群里选择完成拓展任务，阅读课程拓展资料等。通过建立课程学习讨论群，教师能及时发现学生学习存在的问题并予以解答，即增加了师生感情，又帮助学生在学习的自主安排、学习内容和学习方法的自主选择上提供帮助和建议。

第二节　互联网时代会计教学改革中微课的实践应用

一、微课的含义与特点

（一）微课的含义

微课（Micro-lecture）是指运用信息技术按照认知规律，呈现碎片化学习内容、过程及扩展素材的结构化数字资源。微课的核心组成内容是课堂教学视频（课例片段），同时还包含与该教学主题相关的教学设计、素材课件、教学反思、练习测试及学生反馈、教师点评等辅助性教学资源，它们以一定的组织关系和呈现方式共同营造了一个半结构化、主题式的资源单元应用小环境。因此，微课既有别于传统单一资源类型的教学课例、教学课件、教学设计、教学反思等教学资源，又是在其基础上继承和发展起来的一种新型教学资源。

（二）微课的主要特点

1. 教学时间较短

教学视频是微课的核心组成内容。根据中小学生的认知特点和学习规律，“微课”的时长一般为 5 ～ 8 分钟左右，最长不宜超过 10 分钟。因此，相对于传统的 40 或 45 分钟的一节课的教学课例来说，“微课”可以称之为“课例片段”或“微课例”。

2. 教学内容较少

相对于较宽泛的传统课堂，“微课”的主题突出，更适合教师的需求。“微课”主要是为了突出课堂教学中某个学科知识点（如教学中重点、难点、疑点内容）的教学，或是反映课堂中某个教学环节、教学主题的教与学活动，相对于传统一节课要完成的复杂众多的教学内容，“微课”的内容更加精简，因此又可以称为“微课堂”。

3. 资源容量较小

从资源容量大小上说，“微课”视频及配套辅助资源的总容量一般在几十兆左右，视频格式须是支持网络在线播放的流媒体格式（如 rm，wmv，flv 等），师生可流畅地在线观摩课例，查看教案、课件等辅助资源；也可灵活方便地将其下载保存到终端设备（如笔记本电脑、手机、MP4 等）上实现移动学习。这些都非常适合教师的观摩、评课、反思和研究。

4. 资源组成 / 结构 / 构成情景化

资源使用方便。“微课”选取的教学内容一般要求主题突出、指向明确、相对完整。它是以教学视频片段为主线“统整”教学设计（包括教案或学案）、课堂教学时使用到的多媒体素材和课件、教师课后的教学反思、学生的反馈意见及学科专家的文字点评等相关教学资源，构成一个主题鲜明、类型多样、结构紧凑的“主题单元资源包”，营造了一个真实的“微教学资源环境”。这使“微课”资源具有视频教学案例的特征。广大教师和学生在这种真实的、具体的、典型案例化的教与学情景中可易于实现“隐性知识”“默会知识”等高阶思维能力的学习并实现教学观念、技能、风格的模仿、迁移和提升，从而迅速提升教师的课堂教学水平、促进教师的专业成长，提高学生学业水平。就学校教育而言，微课不但成为教师和学生的重要教育资源，而且也构成了学校教育教学模式改革的基础。

5. 主题突出、内容具体

一个课程就一个主题，或者说一个课程一个事；研究的问题来源于教育教学具体实践中的具体问题：或是生活思考，或是教学反思，或是难点突破，或是重点强调，或是学习策略、教学方法、教育教学观点等具体的、真实的、自己或与同伴可以解决的问题。

6. 草根研究、趣味创作

正因为课程内容的微小，所以人人都可以成为课程的研发者；正因为课程的使用对象是教师和学生，课程研发的目的是将教学内容、教学目标、教学手段紧密地联系起来，是“为了教学、在教学中、通过教学”，而不是去验证理论、推演理论。所以，决定了研发内容一定是教师自己熟悉的、感兴趣的、有能力解决的问题。

7. 成果简化、多样传播

因为内容具体、主题突出，所以研究内容容易表达、研究成果容易转化；因为课程容量微小、用时简短。所以，传播形式多样（网上视频、手机传播、微博讨论）。

8. 反馈及时、针对性强

由于在较短的时间内集中开展“无生上课”活动，参加者能及时听到他人对自己教学行为的评价，获得反馈信息。较之常态的听课、评课活动，“现炒现卖”，具有即时性。由于是课前的组内“预演”，人人参与，互相学习，互相帮助，共同提高，在一定程度上减轻了教师的心理压力，不会担心教学的“失败”，不会顾虑评价的“得罪人”，较之常态的评课就会更加客观。

二、互联网时代微课在会计教学改革中的应用

（一）微课在大学会计教学中的基本应用

1. 课堂教学

像上文提到过的一样，微课的主要表现形式是微视频。微课可以贯穿到整个会计教学课堂中，不论是从课堂导入、课堂知识点讲解还是课后总结，都可以采用微课教学。微课教学可以更好地激发学生的学习兴趣，使枯燥的会计课堂变得活泼有趣。

大学会计教学课程中，学生对会计知识掌握程度不同，针对这点，教师可以有针对性地制作微课视频，使学生在课后也可以观看视频巩固课上学到的知识。微课教学对导入新知识极为有效，老师为微课制作的微视频新颖且有趣，并且制作精美，以此作为课前导入材料，可以极大地激发学生的学习兴趣，从而导入新知识。而对于课上一些比较难理解而又需要学生们掌握的知识点，教师还可以将这些内容集中整理，利用微课有针对性的特点，对学生进行重点教学，可以有效集中学生注意力，提升教学质量。微课虽然是一种新的教学模式，但还是以传统教学模式为基础的。因此，教师必须对微课及传统教学做好一个过渡衔接，不仅要在课堂中体现微课的新，还不能忘了课堂上占主体地位的仍然是学生。并且，要对微课教学配备适合的课堂探究讨论活动，这样才能更好地发挥微课的作用，提升教学效率。教师还可以将难点、重点知识以微课形式表现出来，加上图表等辅助说明，可以使学生更直观地理解知识点，融会贯通。对于学生而言，仅在课堂上学习的会计内容是远远不够的，会计学习需要更大的环境，这就需要教师在课程设计上多添加一些课外内容，拓宽学生的知识面，使学生对会计学习有一个更全面的理解。

2. 提升学生自主学习能力

如今的在线教学中，微课教学已经成为一种主要方式。利用互联网的共享性，学生可以随时随地观看教师制作好并上传到网络上的教学视频。相较以前，学生可以更灵活地进行自主学习，提高了其学习的热情和效率。

我国课程改革的目标也是致力于提高学生的自主学习能力，通过课改改掉学生被动的学习方式，鼓励学生积极主动地自主学习，从而激发学生学习的兴趣和探究欲望，这不仅是课改的目标，还是我国选拔未来人才的标准。微课较传统课堂时间缩短了很多，并且内容有针对性，且由于互联网的便利性，只需输入关键词就可以轻松搜索到想要查找的资料，方便又快捷；另外，微课的时长通常控制在十分钟左右，这也符合学生的身心发展，因为大多数学生集中注意力的时间也差不多在十分钟左右；录

制的微课视频具备视频的一般功能，可以随时暂停播放，这就大大方便了对知识掌握程度不同的学生，学生可以根据自身的学习情况和接受程度控制视频的速度，增强学生自主学习的兴趣。[①] 另外，微课内容由教师上传到网络之后，学生不再受时间空间限制，可以随时随地想学就学，学习方式更加灵活自由，极大调动了学生自主学习的积极性，并且为学生自主学习提供了一个良好的平台。学生学习知识再也不用只在教室这一个空间里，可以在寝室、食堂或者饭店等各种场所，随时随地观看视频自主学习。如果遇到不会的重难点内容，学生还可以通过对视频的反复观看加深印象，直到全部理解。这样有利于学生掌握好每个细小的知识点，并逐步提升自己的会计专业知识水平。除此之外，教师还可以准备由学生自己独立完成的微课，提前给学生布置好需要自学的内容，学生了解到这些任务后自主学习会计课程内容，老师可以在之后的课堂中对学生的自学成果进行检验，学生也可以自行检验自己的自学效果。由此可见，微课是一门可以极大促进学生自主学习的课程，通过微课这种形式，学生也可以更好地实现自主个性化学习。此外，微课的移动化、碎片化特点，又方便了学生在课后随时随地对自己掌握不扎实的知识点进行复习，可以有效拓宽学生的知识面，使学生更加灵活方便地进行自主学习。微课模式相比传统授课模式而言，对教师的要求更为严格，因为微课内容少了课堂的束缚，变得更为开放，这就要求教师不仅要掌握制作微视频的技术和手段，还要掌握在互联网中分辨良莠信息的能力，选择一些真正对会计学习有用的信息，这些都需要教师拥有一定的技术手段和付出一定的时间，不免会加大教师的压力。

3. 提升教师专业素质

微课程是一个极度浓缩产生精华的过程，在制作过程中往往需要反复推敲，修改直至完善。因此，在制作过程中，会计教师需要反复观看视频内容是否符合自己的教学内容并加以修改，还要不断学习充实自己，可以在微课中加入更多的课外内容，这样才能准备一堂较好的微课堂。由此可见，微课对于加强教师自身专业技能具有促进作用，因为在制作微课的过程中，教师需要反复推敲，不断发现问题，从而反思自己，改正教学方法，学习新的教学观念，从而提升自身的会计专业技能。此外，微课还可以大大提升教师对信息技术运用的能力。教师通过制作微课，可以更好地熟悉信息设备，更加熟练地掌握对信息技术的运用，从而树立更具现代化的教学思想和理念。教师制作微课的过程本身就是一个不断反思与发展的过程，在这一过程中，教

① 郭剑媚．基础会计课堂教学模式改革研究一基于“微课”和“翻转课堂”结合[J]．商业会计，2016（22）：118-120.

师可以不断提升自己的教学能力。微课可以通过互联网共享到全国甚至是全球的资源中，教师可以通过互联网观着不同老师制作的视频，通过视频学习别人的教学内容和理念，彼此间再进行交流切磋。教师要善于利用微课这一教学模式，不断完善这一课程模式，使微课为大学会计教学做出更多的贡献，成为会计教师教学的重要手段。教师在课堂中推行微课模式也是深入贯彻《教育部关于全面提高高等教育质量的若干意见》的相关精神，推行微课模式有利于信息技术与大学会计课堂的融合，推动大学会计课程的发展和教师水平的提升，高校的会计教学若能充分发挥微课教学的优势，可以极大激发学生的学习兴趣，对会计学习产生浓厚的兴趣并快乐地学习会计课程，这也有利于为社会培养高素质的、良好会计专业能力的人才，为社会做贡献。

微课作为一种新兴的教学方式和手段，因其“短、小、精、趣”迎合了时代需求和大众心理，也越来越多地被应用于教学当中。教育部刘利民认为：“微课符合时代的要求，它能在较短的时间内对某一个知识点进行充分的、有趣的讲解，符合当今紧张的学习生活节奏。不仅对大学生的学习和教师的教学提供了更多的方法，还解决了传统教学课堂中比较容易出现的问题。微课是符合时代要求的积极探索，并希望借此推动教师教育方式方法的变革，解决建议需求多样性、资源便捷性等问题，促进教育与现代信息技术的深度融合。”因此，大学会计课堂中应用微课模式是适应教学改革的需要，也适应时代的发展。同时，有利于会计课堂与信息技术融合发展，有利于促进会计教学的个性化自主化发展。微课新型教学模式，适应了教育发展的潮流和趋势。微课教育模式在高校中的开展已经取得了一些成效。高校应用了这种新型教学模式后，有利于高校对会计人才的培养。这种教学模式不仅提高了学生自主学习会计的积极性与兴趣，还提高了学生自主学习的能力和意识。除此之外，微课教学模式对教师的专业能力水平提升也有很大的帮助作用。

（二）MOOC 在会计教学中应用的基本流程

1. 前期准备

微课不仅包括微视频，还包括微练习、微讲义等。授课教师在授课时主要以登记银行存款日记账的知识点结合企业实务进行讲解，组织学生之间讨论，解答疑问，指导学生操作，引导学生理解流程，掌握登记方法。

（1）预习微课的设计流程。笔者按照教学设计原理即从教学分析、教学实施和教学评价三方面对微课进行设计。微课设计流程图如图 6-1 所示。

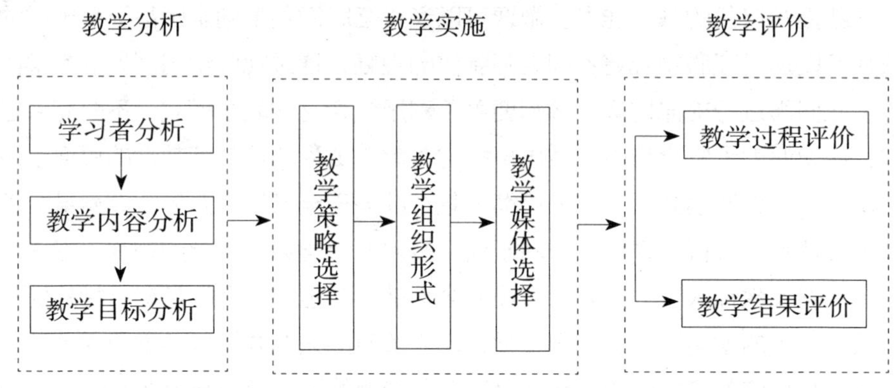

图 6-1 微课设计流程图

（2）学习者分析。大学生是会计学习的主体，其整体特征虽然是充满精力，思维发散，有较强的动手能力，但是缺乏学习的积极性。因此，需要教师对大学生进行学习方法的指导，鼓励支持他们对学习有耐心。由于没找到一种科学的学习方法，加之缺乏自主学习的意识，使他们对会计的学习不扎实，许多知识点都不能详尽掌握，并且学到的知识不会学以致用，只靠死记硬背。大学生如果继续这样的坏习惯学下去，只会产生更坏的学习效果，从而造成越来越大的学习压力，产生更大的学习负担。因此，这就需要会计教师完善自己的教学方法和教学内容，引导学生形成正确的学习方法，帮助学生进行自主学习。

2. 微课开发流程

为创设情境教学，笔者以企业为背景，收集素材，参考网上微课开发注意事项等，对微课进行录制，具体流程如图 6-2。

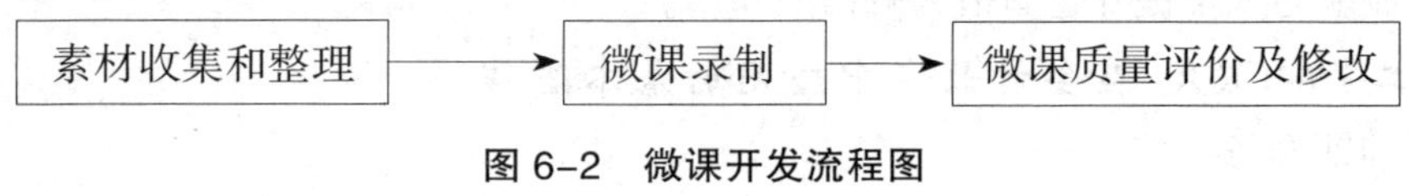

图 6-2 微课开发流程图

（1）真实情境素材收集。①走访企业，开发合作。为最大程度还原出纳工作，创设真实情境，笔者走访了 ×× 企业，征询微课录制合作事宜，得到该企业财务负责人大力支持。笔者在观察出纳登记银行存款日记账工作的基础上，搜集了银行存款收款凭证、银行存款付款凭证、银行对账单等众多素材，并且在征询出纳意见后，对微课教案和脚本不断修改，尽量使知识点的讲授贴近实际，创新授课形式。同时，笔者拍摄了企业财务办公室环境、财务人员、账册资料、办公桌等，最大程度还原财务人员工作环境。

②多媒体素材收集。教学媒体包括图片、声音、动漫、视频等。由于财务资料的保密性，部分素材无法从企业获得，如日记账完整页的展示、凭证的复印件等。因此，笔者通过网上搜索，收集了这些账册的图片，以及多栏式日记账账页等企业不具备的会计资料。

（2）微课录制。微课录制方法主要由以下几种，如屏幕录像软件录制（录屏软件+PPT）、可录学院式（由录屏软件＋手写板＋绘图软件组成）、视频摄制工具拍摄（手机或数字摄像机＋视频编辑软件）、混合式录制。专题微课的录制是视频拍摄和录屏软件的混合使用。

拍摄时间：2017 年 9 月。

拍摄地点：×× 企业财务处。

拍摄工具：索尼相机、三脚架。

拍摄对象：财务处会计、出纳（负责操作演示、讲解）。

摄像师：笔者（负责镜头设计、录像、剪辑）。

拍摄过程：为减轻人员干扰和噪音，视频拍摄选在中午午休时间，光线明亮、拍摄清晰。演示者提前熟悉教案，了解流程和注意事项，并按照脚本和要求模拟一遍，以使录制时更加顺利。镜头聚焦在演示素材上，重要处进行放大特写。在拍摄过程中，镜头切换平稳，跟随演示者动作拉近或放宽视线，演示者只是在视频的开头和结尾出境，以保证学生注意力集中，减少干扰。由于演示者都是工作经验丰富的会计人员，操作顺利，因此各条镜头基本不用重新拍摄，拍摄在 10 分钟之内完成，总体平稳顺利。

录屏录制：按照建构主义的案例—问题—讲解—启发—应用教学模式，微视频的开头和结尾需要 PPT 分别列出问题和进行小结。笔者采用 Camtasia Studio8 和 Power Point2010 进行录制，插入声音，并保存为视频格式。

后期编辑：采用绘声绘影软件对拍摄视频和软件视频进行剪辑，删除不合理的部分，对视频进行连接和精简。

（3）微课质量评价及修改。笔者为了检验微视频制作的质量、微课设计的合理性，以及学生对微课教学的适应程度，向教研组提交了这次专题微课，并且整理了同事对本次专题微课的看法和意见，使他们对微课教学进行打分。除了整理教师同事们的意见之外，笔者还随机挑选了会计专业的四位学生，让他们谈谈自己对这种微课程的看法并进行打分。同时，让他们指出对于微课程还有什么意见。调查以后，笔者对两者提出的意见和建议进行整合梳理，应用到微课整改中，促进了微课程的更好发展。

在参考同事和学生意见的基础上，笔者对该知识点微课主要做了三方面调整：第一方面视频时间由原来的 9 分 20 秒缩短到 7 分 09 秒，删减了一些不重要的内容，重点突出代表性知识点；第二方面是将镜头做了调整，专注于账册及动作；第三方面在视频中增加与学生的互动，通过提问、鼓励等和学生保持交流。故意设计细节，如账页跳页该怎么处理等，引发学生思考。

第三节　互联网时代会计教学改革中翻转课堂的实践应用

一、翻转课堂的含义与特点

（一）翻转课堂的含义

翻转课堂译自“Flipped Classroom”或“Inverted Classroom”，也可译为“颠倒课堂”，是指重新调整课堂内外的时间，将学习的决定权从教师转移给学生。[①]在这种教学模式下，在课堂上，学生能够更专注于主动的基于项目的学习，共同研究解决本地化或全球化的挑战以及其他现实世界面临的问题，从而获得更深层次的理解。教师不再占用课堂的时间讲授信息，这些信息需要学生在课前完成自主学习，他们可以看视频讲座、听播客、阅读功能增强的电子书，还能在网络上与别的同学讨论，能在任何时候去查阅需要的材料。教师也能有更多的时间与每个人交流。在课后，学生自主规划学习内容、学习节奏、风格和呈现知识的方式，教师则采用讲授法和协作法满足学生的需要和促成他们的个性化学习，其目标是为了让学生通过实践获得更真实的学习。翻转课堂模式是大教育运动的一部分，它与混合式学习、探究性学习、其他教学方法和工具在含义上有所重叠，都是为了让学习更加灵活、主动，让学生的参与度更强。互联网时代，学生通过互联网学习丰富的在线课程，不必一定要到学校接受教师讲授。互联网尤其是移动互联网催生了“翻转课堂式”教学模式的产生。“翻转课堂式”是对基于印刷术的传统课堂教学结构与教学流程的彻底颠覆，由此将引发教师角色、课程模式、管理模式等一系列变革。

（二）翻转课堂的主要特点

利用视频实施教学，在多年以前人们就进行过探索。20 世纪 50 年代，世界上很

---

① 郭剑媚．基础会计课堂教学模式改革研究一基于“微课”和“翻转课堂”结合 [J]. 商业会计，2016（22）：118-120.

多国家进行的广播电视教育就是明证。为什么当年做的探索没有对传统的教学模式带来多大的影响，而“翻转课堂”却备受关注呢？这是因为“翻转课堂”有如下几个鲜明的特点：

1. 教学视频短小精悍

无论是萨尔曼·汗的数学辅导视频，还是乔纳森·伯尔曼和亚伦·萨姆斯做的化学学科教学视频，一个共同的特点就是短小精悍。大多数的视频都只有几分钟的时间，比较长的视频也只有十几分钟。每一个视频都针对一个特定的问题，有较强的针对性，查找起来也比较方便；视频的长度控制在学生注意力比较集中的时间范围内，符合学生身心发展特征；通过网络发布的视频，具有暂停、回放等多种功能，可以自我控制，有利于学生的自主学习。

2. 教学信息清晰明确

萨尔曼·汗的教学视频有一个显著的特点，就是在视频中唯一能够看到的就是他的手，不断地书写一些数学的符号，并缓慢地填满整个屏幕。除此之外，就是配合书写进行讲解的画外音。用萨尔曼·汗自己的话语来说：“这种方式，它似乎并不像我站在讲台上为你讲课，它让人感到贴心，就像我们同坐在一张桌子面前，一起学习，并把内容写在一张纸上。”这是“翻转课堂”的教学视频与传统的教学录像作为不同之处。视频中出现的教师的头像、以及教室里的各种物品摆设，都会分散学生的注意力，特别是在学生自主学习的情况下。

3. 重新建构学习流程

通常情况下，学生的学习过程由两个阶段组成：第一阶段是“信息传递”，是通过教师和学生、学生和学生之间的互动实现的；第二个阶段是“吸收内化”，是在课后由学生自己完成的。由于缺少教师的支持和同伴的帮助，“吸收内化”阶段常常会让学生感到挫败，丧失学习的动机和成就感。“翻转课堂”对学生的学习过程进行了重构。“信息传递”是学生在课前进行的，老师不仅提供了视频，还可以提供在线的辅导；“吸收内化”是在课堂上通过互动完成的，教师能够提前了解学生的学习困难，在课堂上给予有效的辅导，同学之间的相互交流更有助于促进学生知识的吸收内化。

二、翻转课堂在会计教学中应用的必要性与可行性

（一）翻转课堂在会计教学中应用的必要性

1. 适应教育信息化发展的需要

自 1994 年至今，随着互联网技术和计算机科技研发与应用的发展，我国教育信

息化水平也在不断提高，现代信息技术在教育领域的作用不言而喻，而翻转课堂作为一种教育信息化发展的成果，从一定程度上改变了人们对“知识传授”与“知识内化”的传统理解，激发了人们开始对人才培养的创新模式探索和教育模式的改革。教育部先后从《教育信息化规划（2011—2020）》《国家教育技术计划》两个文件对我国未来的教育信息化进行了计划式的推进规定。总的来看，在教育信息化的发展大趋势下，翻转课堂作为一种新的人才教育理念，对于人才培养的学校提出了新的要求，为了适应这种需求，高校已经开始以应用型人才培养为主，以教育信息化为基础，不断探索人才的教育方式，翻转课堂在一定程度上满足了高校的这种需求。

2. 对当代课程改革回应的需要

何种教育是最符合人类认知规律的教育？何种教育才是提高教学效果的教育？这些都是教育者在不断探索的问题，也正是因为有了探索，所以才有了不断的课程教学改革，“翻转课堂”本身也是一种课程教学改革，与传统教学不同，翻转课堂“先学后教”更符合人类的认知，这是因为“翻转课堂抓住了学生最困难与最迷惑的时候”。高校培养的人才是应用型人才、技术型人才，但是高校的教育模式往往沿用的是以“教学为中心”的培养模式，学生在学习过程中处于被动接受的一方，很多研究结果都表明，这种传统应试教学模式并不符合学生的个性化发展和创新能力的提高，这就需要高校应该及时调整人才培养方式，积极面向教育信息化改革课程教学。

（二）翻转课堂在会计教学中应用的可行性

1. 翻转课堂能够满足会计教学要求

从会计课程性质看，课程的实践性、理论性以及操作性都很强，在会计课程中引入翻转课堂理念，将教学时间重新进行分配，将网络学习与课堂学习有机地结合起来，将课堂学习延伸到学生的业余时间，课程学习不再受时间和空间的限制，使教学资源得到高效的利用，如在这种模式下，课程教学可以分为课上与课下两个阶段，课上教师是讨论的组织者和作业的辅导者、讲解答疑者；课下是学生自学的阶段，学习内容主要来源于教师的课件、搜集的教学资源、发布的教学任务和教学视频等。而课堂则成了学生与教师的互动场所，教师可以有更多的时间观察、引导和帮助学生。

此外，翻转课堂可以避免课程教学流于形式化和程序化，学生在翻转课堂中通过各种仿真实训操作训练，让他们有了更多的实训操作的机会，而学生的知识建构也正是在这种实训实践的过程中生成的。

翻转课堂能够进一步提高师生之间互动的频率，对于教育者来说，翻转课堂为师生之间搭建了一个很好的互动平台。在“互联网+”的大背景、大趋势下，远程教育、网络教育等都为教师与学生之间的课堂互动提供了时间保证，将自学放置于课外，课上在互动交流中解决问题，就是一种有意义的“翻转”。此外，翻转课堂颠覆了师生之间的地位，尤其是对教师来说，自上而下的灌输式教学不再适用于翻转课堂之中，在“翻转课堂”的理念指导下，教师放下自己的权威，走下讲台，走入学生之中，成了学生在学习中的指导者和引导者。在“翻转课堂”教学模式中，教师的身份更类似于一场比赛中的“教练”，与传统教学相比，身份发生了绝对性的改变。

2. 会计课程能够适应翻转课堂的教学特点

根据翻转课堂的特点，在会计课程的教学中，翻转课堂更适合于带有实践性、可操作性以及应用性较强的教学内容。会计课程其本身除了一定的理论性外，实践性和应用性等也比较明显，这些特征与翻转课堂的本质是十分契合的，这也为在会计课程中实施翻转课堂提供了可能性。在会计传统教学中，由于课时所限，多数教师都只刚好能够完成理论部分的讲解，在关于课程的实践训练安排上则相对较少，学生在学习会计课程时，由于缺乏对会计实务的经验积累和基本认识，再加之个人的生理（年龄较小）等原因，他们对会计基本理论和方法很难充分理解和掌握，过多的理论教学则会影响到课程的实际教学效果。在会计课程翻转课堂实施中，主要分为课上与课下两个阶段。课上教师是讨论的组织者和作业的辅导者、讲解答疑者，而课下是学生自学的阶段，学习内容主要来源于教师的课件、搜集的教学资源、发布的教学任务和教学视频等。通过此种方法，有助于改变传统教学模式课下不足、学生自主性不强等问题，对教学效果有着非常重要的促进作用。

三、互联网时代翻转课堂在会计教学改革中的应用

（一）在“课堂上”教学的应用

“课堂上的教学”则由教师通过设计教学活动，以学生为主体，教师作为引导者，教师与学生、学生与学生之间互动完成。

1. 解决共性和个性问题

在“课堂上”，教师首先根据“学习反馈记录单”先集中回答学生提出的共性问题，利用现场课堂教学帮助学生解决共性疑难问题。教师要善于总结归纳共性问题，并利用学生的性格特点以及心理因素，鼓励并引导学生积极抢答，完成师生共同解决问题。学生个人或小组提出的个性问题，可以通过小组之间互问互答的形式，让更多的小组学生参与进来，一起讨论并解决，最后由教师给予总结点评。解决共性、个性问题，采取小组“抢答”和“互问互答”形式，可以更好地调动学生学习知识的主动

性和积极性，锻炼学生在课堂上的主观性，同时又可以呈现各组同学对知识点的理解、把握程度，形成浓郁的课堂气氛。

2. 布置针对性习题

根据教师课堂下事先布置的针对性习题，采用“抢答”的方式调动学生课堂上的积极性，激发他们参与课堂的乐趣。学生可以个人回答或小组一起抢答完成。最后由教师总结点评。

3. 探讨思考题

思考题是根据教师提前布置好的问题，采用“抢答”的方式调动学生课堂的积极性，激发他们思考的乐趣。学生可以个人回答或小组一起抢答完成。最后由教师总结点评。解决思考题时，教师要善于发现每位同学的独到之处，思考问题的深度和广度，精彩的课堂可以展现每位学生思考问题的闪光点。

4. 课堂小测试

课堂小测试可以围绕本知识点的内容，通过课堂提问或小测试的方式进一步了解学生对知识的掌握程度。同时，它也可以有效监督和检验学生在课下的完成情况。

5. 教师归纳总结，布置任务

教师根据课堂上学生对知识的掌握程度，做好充分的总结工作。教师针对学生的个性，可以分别布置不同的任务给个人或个别小组，也可以布置共同的作业。

6. 完成“学习档案”

“学习档案”是根据每个学生在课堂下的学习成果，以及在课堂上的各种各样表现，把他们的学习过程记录下来，并建档的过程。学习档案主要由以下几部分组成，学习反馈记录单的反馈，针对性习题的完成情况，思考题的完成情况，课堂小测验成绩，课堂表现情况，主动提出的问题情况等。学习档案是实施翻转课堂的有效保障，学生可以翻看自己的学习档案熟悉自己对每一个知识点的掌握程度，教师可以通过学习档案了解学生对每一个知识点的学习情况以及对后续知识点的跟踪反馈情况。

（二）在“课堂下”教学的应用

1. 教师活动

教师活动分为制作 PPT 和教学视频、设计本知识点的学习指南、设计学习反馈记录单、布置针对性习题和思考题。

（1）制作 PPT 和教学视频。教师查找教学知识点相关教学资料，教学视频，学科前沿知识，根据高校学生的特点与个性化需求，以及高校学生职业素养的需要，制作每一个知识点的 PPT 课件，并借助于录屏软件边讲边录下来，最终上传到微信、QQ 网络学习平台，供学生观看学习。

（2）设计本知识点的学习指南。学习指南中包括本知识点的学习目的、学习要求，学习重难点。学习指南可以方便学生在看视频前提前知道本知识点的重难点和学习方法。

（3）设计学习反馈记录单。学习反馈记录单分成两个部分，第一部分是学生可以由选项选择，可以总体上了解学生学习的情况。第二部分是没有选项，学生可以根据学习过程中，学习完相关视频及有关教学辅助资料后，遇到的各种问题把它记录下来，反馈给教师。

（4）布置针对性习题和思考题。针对性习题是可以锻炼学生的自主学习能力，用于检验学生对知识点的掌握程度。思考题可以锻炼和培养学生的独立思考能力，一般设置 3 ～ 4 题，难易程度不一，有些可以从教材中找到答案，有些必须是听教师的视频讲课以后才能找到，而有些必须是通过百度查找资料后找到相应答案。

2. 学生活动

根据每个班级的具体情况，一般在实施翻转课堂中，班级同学会分成若干小组。以 4 人一小组，小组成员要求分布在不同的寝室，有男生和女生，有性格内向的和性格外向的。小组工作的顺利开展给实施翻转课堂教学带来了极大的便利，同时也可以利用小组互助、协作、讨论共同解决问题。所以，学生活动的设计主要由学生独立制定学习指南，独立观看 PPT 和教学视频，独立填写反馈记录单，以小组形式汇总问题完成。

（1）阅读学习指南。根据教师设计的学习指南，学生在开展自主学习前首先必须学习指南上教授知识点的内容、重难点，学习方法和学习要求。学习指南的学习要求每位学生必须独立完成。

（2）下载并观看视频课件资源。学生在完成学习指南的学习之后，就可以下载教师预先上传的教学 PPT、教学视频、各种教学资料。学生可以下载也可以在线观看学习，学生可以独立观看视频资料也可以小组一起观看学习，边看边思考、边记录。视频可以重复观看。

（3）独立或小组协作完成针对性习题和思考题。学生在学习完视频资料后，要求完成教师布置的针对性习题和相应的思考题。可以是学生独立完成，也可以小组共同讨论完成。

（4）诚实填写学习反馈记录单。学生在学习完成上述步骤后，每位同学应独立填写一份教师事先设计的学习反馈记录单。学习反馈记录单要求学生认真、仔细、诚实的填写。

参考文献

[1] 陈蒙梦 .“互联网 + 会计”混合教学模式改革与实践 [J]. 财经界，2019（11）：186-187.

[2] 丁广华，许景润 . 浅析“互联网 +”对会计教学工作的影响 [J]. 中文信息，2016（5）：213.

[3] 李定清，曾林 . 高校会计教学范式改革研究 [M]. 成都：西南交通大学出版社，2013.

[4] 刘红霞 . 高校会计专业人才培养模式创新与实现路径研究 [M]. 北京：中国财政经济出版社，2016.

[5] 刘万华 . 职业能力指导下的高校会计教学 [M]. 成都：电子科技大学出版社，2016.

[6] 毛莉莹，吴玮 .“互联网 +”背景下会计专业实践教学体系改革探索 [J]. 农家参谋，2019（20）：265.

[7] 潘妲，姚丛笑 . 浅析互联网时代下高等院校会计专业实践教学内容 [J]. 财会学习，2018（19）：213，219.

[8] 屈静晓 . 互联网 + 背景下高校会计实践教学体系创新研究 [J]. 教育现代化，2019，6（83）：167-169.

[9] 张艳君 . 会计教学中网络技术的运用 [D]. 开封 : 开封教育学院，2015.

[10] 申仁柏 . 互联网 + 对现代会计教学改革的影响研究 [M]. 长春：吉林大学出版社，2019.

[11] 王超 . 试析“互联网 +”教育背景下的成本会计教学改革 [J]. 纳税，2019，13（30）：53-54.

[12] 王晗 . 互联网时代我国高校会计专业人才培养模式研究 [J]. 现代营销（信息版），2019（12）：209-210.

[13] 徐爱民 .“互联网 +”教育背景下会计专业教学改革的实践 [J]. 中外企业家，2019（32）：192.

[14] 徐秀燕 .“互联网 +”对会计教学模式的影响辨析 [J]. 中国培训，2016（12）：145.

[15] 许琳 . 浅谈会计信息化对会计教学的影响 [J]. 商业文化月刊，2012（11）：56-58.

[16] 张妙凌 . 互联网时代会计职业教育方向探讨 [J]. 金融经济，2018（16）：216-217.
[17] 张群 . 教育信息化背景下成人会计教育改革研究 [J]. 现代国企研究，2018（24）：98.
[18] 张素云，王盛，郭瑞娜 . 会计学理论实践与教学研究报告 [M]. 北京：中国农业出版社，2016.
[19] 张雪 . 互联网下对高校会计教学改革的影响 [J]. 财会学习，2019（29）：209-210.
[20] 郑军，张振，周运兰 . 会计教学理论与方法创新研究 [M]. 北京：经济科学出版社，2012.
[21] 郭剑媚 . 基础会计课堂教学模式改革研究——基于“微课”和“翻转课堂”结合 [J]. 商业会计，2016（22）：118-120.
[22] 周友梅，阚京华 . 当代会计教育研究 [M]. 北京：人民邮电出版社，2014.
[23] 朱凌华 . 会计教学与信息技术的应用研究 [J]. 林区教学，2016（12）：15-16.